Aufmerksamkeitsdiagnostik

Kompendien Psychologische Diagnostik

herausgegeben von

Prof. Dr. Franz Petermann und Prof. Dr. Heinz Holling

Band 2

Aufmerksamkeitsdiagnostik

von

PD Dr. Dietmar Heubrock
und Prof. Dr. Franz Petermann

Hogrefe · Verlag für Psychologie
Göttingen · Bern · Toronto · Seattle

Aufmerksamkeits-diagnostik

von

Dietmar Heubrock
und
Franz Petermann

Hogrefe · Verlag für Psychologie
Göttingen · Bern · Toronto · Seattle

PD Dr. phil. Dietmar Heubrock, geb. 1958. 1977-1983 Studium der Psychologie in Münster. Tätigkeit als Klinischer Neuropsychologe, zunächst in der Rehabilitation Erwachsener, 1985-1995 in der neurologischen Rehabilitation von Kindern und Jugendlichen. 1987 Promotion. Seit 1995 Wissenschaftlicher Assistent am Zentrum für Rehabilitationsforschung der Universität Bremen, dort Aufbau und Leitung der Neuropsychologischen Ambulanz für Kinder und Jugendliche. 1999 Habilitation. *Arbeitsschwerpunkte:* Klinische Kinderneuropsychologie, Forensische Neuropsychologie.

Prof. Dr. phil. Franz Petermann, geb. 1953. 1972-1975 Studium der Mathematik und Psychologie in Heidelberg. Wissenschaftlicher Assistent an der Universität Heidelberg und Bonn. 1977 Promotion; 1980 Habilitation. 1983-1991 Leitung des Psychosozialen Dienstes der Universitäts-Kinderklinik Bonn, gleichzeitig Professor am Psychologischen Institut. Seit 1991 Lehrstuhl für Klinische Psychologie an der Universität Bremen und seit 1996 Direktor des Zentrums für Rehabilitationsforschung. *Arbeitsschwerpunkte:* Psychologie in der Kinderheilkunde, Behandlung von Entwicklungs- und Verhaltensstörungen im Kindes- und Jugendalter.

Die Deutsche Bibliothek - CIP-Einheitsaufnahme

Ein Titeldatensatz für diese Publikation ist bei Der Deutschen Bibliothek erhältlich

Rohnsweg 25, D-37085 Göttingen

http://www.hogrefe.de
Aktuelle Informationen • Weitere Titel zum Thema • Ergänzende Materialien

Gesamtherstellung: Druckerei Hubert & Co., Göttingen
Printed in Germany
Auf säurefreiem Papier gedruckt

ISBN 3-8017-1431-4

Vorwort der Herausgeber

Die Methoden der Psychologischen Diagnostik dienen der Erhebung und Aufbereitung von Informationen, um begründete Entscheidungen zu treffen. Heute bietet die Psychologische Diagnostik ein großes Spektrum an Erhebungsverfahren, das von systematischen Ansätzen zur Befragung und Beobachtung bis zum Einsatz psychometrischer Tests und physiologischer Methoden reicht. Immer schwieriger wird die gezielte Auswahl geeigneter Verfahren und die Kombination verschiedener Ansätze im Rahmen einer ökonomischen Diagnosestrategie.

Unsere neue Buchreihe möchte aktuelles Wissen über diagnostische Verfahren und Prozeduren zur Weiterentwicklung der psychologischen Diagnostik zusammenstellen. Wir als Herausgeber der neuen Buchreihe erwarten, daß zukünftig die Kompetenzen der Psychologischen Diagnostik verstärkt nachgefragt werden. Es handelt sich hierbei um Basiskompetenzen psychologischen Handelns, denen in den letzten beiden Jahrzehnten im deutschen Sprachraum relativ wenig Aufmerksamkeit geschenkt wurde. Zukünftig sollten Problemanalysen und Problemlösungen vermehrt auf dieses gut fundierte Fachwissen der Psychologie zurückgreifen.

Die einzelnen Bände dieser Reihe konzentrieren sich jeweils auf spezifische psychologische Themengebiete wie zum Beispiel Depression oder Aufmerksamkeit. Durch diese Spezifikation können diagnostische Fragen im Rahmen der einzelnen Themen intensiver als in der Standardliteratur abgehandelt werden. Zudem kann eine engere Verbindung zwischen theoretischen Grundlagen und den diagnostischen Fragestellungen erfolgen.

Diese Reihe möchte dem Praktiker eine Orientierung und Vorgehensweisen vermitteln, um in der Praxis eine optimale Diagnosestrategie zu entwickeln. Kurzgefaßte Übersichten über die aktuellen Trends, praxisnahe Verfahrensbeschreibungen und Fallbeispiele erleichtern auf verschiedenen Ebenen den Zugang zum Thema. Ziel der Reihe ist es somit, die diagnostische Kompetenz im Alltag zu erhöhen. Dies bedeutet vor allem

- diagnostische Entscheidungen zu verbessern,
- Interventionsplanungen besser zu begründen und
- in allen Phasen der Informationsgewinnung die Praxiskontrolle zu optimieren.

Unser Anspruch besteht darin, bestehende Routinen der Psychologischen Diagnostik kritisch zu durchleuchten, Bewährtes zu festigen und neue Wege der Diagnostik, zum Beispiel im Rahmen computerunterstützter Vorgehensweisen und neuerer testtheoretischer Ansätze, zu etablieren.

Mit unserer Buchreihe möchten wir in den nächsten Jahren schrittweise und systematisch verschiedene Anwendungsbereiche der Psychologischen Diagnostik bearbeiten. Pro Jahr sollen zwei bis drei Bände publiziert werden, wobei jeder Band zirka 120 Druckseiten haben soll. Folgende Bände sind zur Zeit in Vorbereitung:

Depressionsdiagnostik
Forensische Diagnostik
Intelligenzdiagnostik

Die Reihe startet mit Fragestellungen der Klinischen Diagnostik und wird sich dann schrittweise auf andere Gebiete erweitern. Wir wünschen hierzu einen intensiven Austausch mit unseren Lesern.

Bremen und Münster, im März 2001

Franz Petermann
und Heinz Holling

Inhaltsverzeichnis

Vorwort

Prozesse der Aufmerksamkeit beziehen sich auf basale Fertigkeiten menschlichen Handelns. Viele Jahre wurden in der psychologischen Diagnostik diese Fertigkeiten global erfaßt, teilweise mit sehr unspezifischen Konzentrationstests. Dies entsprach nicht der Komplexität und der (klinischen) Bedeutsamkeit dieser Fertigkeiten.

In unserem Buch gehen wir davon aus, daß es sich bei der Aufmerksamkeit um ein Konzept handelt, das mehrdimensional konzipiert und erfaßt werden sollte. Hier sind Informationen aus der Verhaltensbeobachtung, der Exploration von Angehörigen und psychometrische Daten vonnöten. Einen besonderen Stellenwert erhält hierbei die computergestützte Diagnostik.

Immer klarer kristallisieren sich heute die Anforderungen an eine moderne Aufmerksamkeitsdiagnostik heraus: Wesentlich ist dabei, die unterschiedlichen Komponenten der Aufmerksamkeit differenziert zu erfassen. Eine solche Differenziertheit ist notwendig, um durch die immer detaillierter ausgearbeiteten Förderprogramme die einzelnen Komponenten der Aufmerksamkeit gezielt zu erfassen.

In der Klinischen Psychologie wurde die Aufmerksamkeitsdiagnostik durch die Hyperaktivitätsdebatte überlagert. Die umfassende Bedeutung des Konzeptes „Aufmerksamkeit" wurde dadurch vielfach verkürzt. Aus diesem Grund war es uns wichtig, möglichst vielfältige Anwendungsgebiete vorzustellen und vor allem den Aspekt „Aufmerksamkeit über die Lebensspanne" nicht aus den Augen zu verlieren.

Mit unserem Kompendium versuchen wir, auf neue Erhebungsverfahren hinzuweisen. Es handelt sich in der Regel um gut erprobte Verfahren, die bislang im deutschen Sprachraum eine geringe Verbreitung gefunden haben. Vor diesem Hintergrund hoffen wir, daß unser Kompendium den Blick auf neue, multidimensionale Strategien der Aufmerksamkeitsdiagnostik weitet. Auf diese Weise wünschen wir unseren Lesern eine gewinnbringende Lektüre.

Bremen, im März 2001

Dietmar Heubrock
Franz Petermann

1 Formen gestörter Aufmerksamkeit

1.1 Komponenten der Aufmerksamkeit

Aufmerksamkeit ist kein homogenes Konzept

Im Alltagsverständnis wird Aufmerksamkeit häufig als ein einheitliches, homogenes Konzept oder geschlossenes System aufgefaßt, dessen Bedeutung und Funktion selbstverständlich zu sein scheint. Bereits 1890 formulierte der bekannte Experimentalpsychologe W. James: „Jeder weiß, was Aufmerksamkeit ist. Es ist die klare und lebhafte Inbesitznahme des Verstandes von einem Objekt oder Gedanken aus einer Menge anderer gleichzeitig möglicher Objekte oder Gedanken. Ausrichtung und Konzentration des Bewußtseins sind ihr Wesen. Es beinhaltet die Abwendung von einer Sache, um sich effektiv mit einer anderen auseinanderzusetzen" (zit. nach Hartley, 1992, Übersetzung durch die Verfasser). Diese Beschreibung verdeutlicht, daß es sich bei der Aufmerksamkeit trotz aller scheinbaren Eindeutigkeit doch um ein Konzept handeln muß, an dem viele verschiedene Prozesse und Funktionen beteiligt sind: Die von James vorausgesetzte „klare und lebhafte Inbesitznahme des Verstandes" beinhaltet sowohl eine kognitive Aktivität als auch eine bewußte Willensanstrengung des aufmerksamen Organismus, die Erwähnung von „Objekten oder Gedanken" zeigt an, daß entweder äußere oder innere Reize verarbeitet werden sollen. Der Hinweis auf mehrere mögliche Objekte oder Gedanken, denen man sich zu- oder von denen man sich abwenden kann, erfaßt eine Art „Filter"-Funktion, deren Zielgerichtetheit ebenfalls angedeutet wird.

Aktuelle Definitionen versuchen zwar, die verschiedenen Funktionen und Komponenten der Aufmerksamkeit immer genauer einzugrenzen und zu erfassen; in vielen Fällen unterscheiden sich die daraus resultierenden Beschreibungen aber kaum von weit älteren Definitionsversuchen, beispielsweise bei Harley (1992), demzufolge die Aufmerksamkeit dafür verantwortlich ist, bestimmte Eindrücke selektiv zu erfassen, wenn erforderlich, sich für längere Zeit darauf zu konzentrieren und die hieraus gewonnenen Erfahrungen und Erkenntnisse weiter zu verarbeiten.

Verschiedene Aufmerksamkeitstheorien

Die seit den 50er Jahren entwickelten Theorien der Aufmerksamkeit haben ihren Fokus, oft bedingt durch die angewandten experimentalpsychologischen Methoden, meist auf einzelne Komponenten ausgerichtet. Die Theorien, die Aufmerksamkeit erklären wollen, lassen sich grob in zwei Gruppen unterscheiden:

- diejenigen, die von einer *begrenzten Aufmerksamkeitskapazität* ausgehen und
- solche, die eine *Selektions- und Integrationsfunktion der Aufmerksamkeit* hervorheben (vgl. zusammenfassend Neumann, 1996a; siehe auch Abb. 1).

Begrenzte Kapazität					Selektions- und Integrationsfunktion der Aufmerksamkeit
Filtermodelle			Begrenzter Kapazitätsvorrat		
Frühe Selektion	Späte Selektion	Mehrkanal-Theorien	Unspezifische Ressourcen	Getrennte Energievorräte	

Abbildung 1
Theorien der Aufmerksamkeit

Filtermodelle der Aufmerksamkeit

Unter den Theorien, die von einer begrenzten Aufmerksamkeitskapazität ausgehen, hatten vor allem die auf Broadbent (1958) zurückgehenden *Filtermodelle* einen großen und langanhaltenden Einfluß auf die Erforschung von Aufmerksamkeitsprozessen. Hierbei vergleicht Broadbent das Nervensystem mit einem Kommunikationskanal mit nur begrenzter Kapazität (siehe Abb. 2).

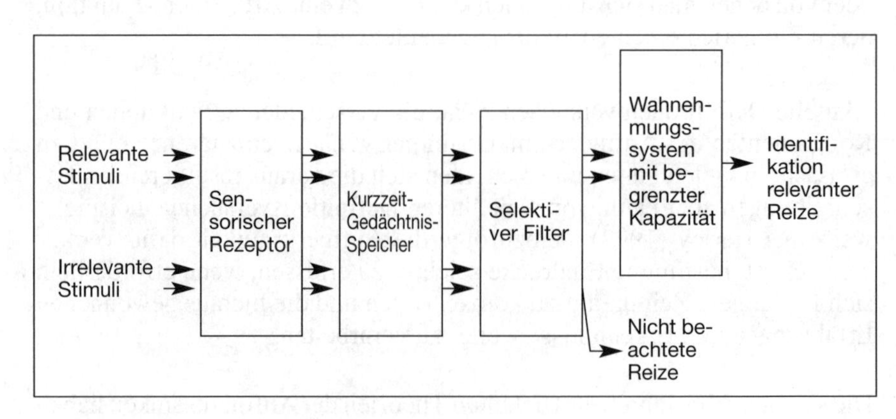

Abbildung 2
Schema des Modells der selektiven Aufmerksamkeit nach Broadbent

Die Reizinformationen aus der Umwelt werden zunächst vollständig vom sensorischen System verarbeitet und in den Kurzzeitgedächtnisspeicher weitergeleitet. Von dort aus gelangen die Reizinformationen in den selektiven Filter, der ausschließlich die aufgabenrelevanten Reize an das begrenzte Wahrnehmungssystem (*Perceptual-* oder kurz *P-System*) weitergibt, wo sie dann eine vollständige Identifikation und Verarbeitung erfahren. Aufgrund eigener Untersuchungen und der Forschungsarbeiten von Cherry (1953) ging Broadbent davon aus, daß die Reize solange noch keine tiefere Verarbeitung erhalten, bis sie in den selektiven Filter gelangt waren. Erst hier sollte eine Selektion aufgrund von einfachen sensorischen Merkmalen erfolgen, die eine spätere Identifikation oder Verarbeitung ermöglichen. Diese Annahme wurde später als „frühe Selektion" bezeichnet (Neumann, 1996a).

Aufmerksamkeit als frühe Selektion

Allerdings wurde in späteren Untersuchungen festgestellt, daß Probanden in dichotischen Hörtests durchaus auch irrelevante Informationen wahrnehmen und kognitiv weiterverarbeiten können (Gray & Wedderburn, 1960; Moray, 1959; Treisman, 1960; siehe Kasten 1).

Kasten 1

Dichotischer Hörtest (nach Heubrock & Petermann, 2000, S. 223)

Beim *dichotischen Hörtest* werden den Testpersonen über Kopfhörer gleichzeitig *verschiedene*, aber gleichwertige akustische Informationen (Laute, Wörter oder Geräusche) gegeben. Da die Hörbahnen sich im Gehirn kreuzen, werden die vom rechten Ohr empfangenen Signale an die linke Gehirnhälfte und die vom linken Ohr erhaltenen Signale an die rechte Gehirnhälfte weitergeleitet. Auf diese Weise kann die cerebrale Präferenz (Lateralisierung) festgestellt werden. Ebenso lassen sich auf diese Weise auch Funktionsstörungen diagnostizieren.

Vor allem die Beobachtung, daß auch irrelevante Reize in Bezug auf ihre (mögliche) Bedeutung, das heißt semantisch und nicht nur hinsichtlich der Reizmerkmale verarbeitet werden, widersprach der ursprünglichen Theorie Broadbents. Treisman (1964) schlug daher eine Modifikation der Filtertheorie vor, in der der Filter nicht vollkommen undurchdringlich sein sollte, sondern eine abschwächende Pufferfunktion aufweisen sollte, um eine bevorzugte Verarbeitung besonders bedeutsamer Reize zu ermöglichen.

Aufmerksamkeit als späte Selektion

Eine weitere Annahme bestand darin, daß sich der Informationsfilter auf einer höheren Ebene der zentralen Verarbeitung befindet. Somit würden zunächst alle Reize vollständig analysiert, wobei nur Reize von besonderer

Bedeutung zur weiteren Verarbeitung weitergeleitet werden sollten (Deutsch & Deutsch, 1963). In diesem Modell wird also von einer „späteren Selektion“ ausgegangen.

Moray (1970) versuchte, die Kontroverse zwischen der frühen und der späten Selektion zu lösen, indem er ein Filtermodell vorschlug, das als variables System mit zwei Informationskanälen konzipiert war. In diesem Modell war es zwar nicht möglich, Reize aus beiden Informationskanälen gleichzeitig zu bearbeiten, das Individuum sollte aber schnell zwischen beiden Kanälen wechseln können. Später modifizierte auch Broadbent sein ursprüngliches Modell zu einem Mehrkanal-Modell (Broadbent, 1971), für das in der Folgezeit immer mehr experimentelle Belege gefunden wurden (Johnston & Wilson, 1980). Zwar wurden die Grundprinzipien des früheren Filtermodells beibehalten, aber Broadbent ging nun davon aus, daß die Informationskanäle zusätzliche Hinweise über die Art und Bedeutung des nachfolgenden Reizes erhalten, um die Wahrscheinlichkeit des Auftretens bestimmter Reize vor ihrem eigentlichen Erscheinen anzuzeigen. Diese Hinweise würden es zugleich einer zentralen kategorisierenden Einheit leichter ermöglichen, nicht nur die Reize selbst, sondern auch die Reaktionen darauf unterschiedlich zu gewichten und zu steuern (Broadbent, 1971; vgl. auch van der Molen, 1996).

Grenzen der Informationsverarbeitung

Allen Filtertheorien ist gemeinsam, daß sie von einem begrenzenden Faktor innerhalb der Informationsverarbeitung ausgehen, der eine Überlastung des zentralen Prozessors verhindern soll. Diese Funktion wird durch einen unterschiedlich lokalisierten Filter repräsentiert, der lediglich einen reduzierten Anteil der gesamten Umweltinformationen zur weiteren kognitiven Verarbeitung zuläßt.

Begrenzter Energievorrat

Die Idee eines *begrenzten Energievorrates* eröffnete eine andere Sichtweise des Kapazitätsproblems der Aufmerksamkeit. Während man durch die verschiedenen Filtermodelle darauf festgelegt war, an einem oder mehreren Orten einen Selektionsmechanismus anzunehmen, wirkt sich die Annahme eines knappen Energievorrates hingegen auf das gesamte System in beliebiger Weise aus (vgl. Neumann, 1996 a). Der Ansatz eines begrenzten Energievorrates war auch durch die immer bedeutsamer werdende Computertechnologie inspiriert:

> „In den sechziger Jahren war die Kapazität der Computer aufs unangenehmste begrenzt. In einem Artikel (...) erwähnt Moray (1967), daß der Computer in seinem Institut einen Arbeitsspeicher von 8 Kilo(!)byte hatte, (...). Es nimmt nicht wunder, daß Wissenschaftler, die mit diesen Rechnern arbeiteten, dazu neigten, begrenzte Kapazität auch für ein fundamentales Merkmal der Informationsverarbeitung beim Menschen zu halten“ (Neumann, 1996 a, S. 564).

Weiterhin stellte man in vielen empirischen Untersuchungen fest, daß Doppelaufgaben zur geteilten Aufmerksamkeit nicht immer Interferenzen (Störungen) hervorrufen, sondern daß sich manche Aufgaben ohne gegenseitige Beeinträchtigungen lösen lassen. Posner und Poies (1971) ließen Versuchspersonen gleichzeitig eine akustische und eine visuelle Reaktionsaufgabe lösen und stellten fest, daß die Reaktion auf den akustischen Reiz kaum verzögert war, wenn sich die Probanden gerade mit der Identifikation des visuellen Reizes beschäftigten. Offenbar belasten nicht alle Aufgaben das begrenzte Verarbeitungssystem auf gleiche Weise.

Ein Ansatz innerhalb der Modellvorstellungen zur begrenzten Aufmerksamkeitskapazität bestand darin, das Gehirn als ein System zu begreifen, das über eine bestimmte Kapazität verfügt, die es für verschiedene Aufgaben aufteilt. Hierzu gab es zwei verschiedene Sichtweisen, nämlich die (begrenzte) Verarbeitungskapazität als
- Eigenschaft eines Systems (Moray, 1967) oder
- Vorrat im Verarbeitungssystem (Kahneman, 1973).

Analogien zur Computertechnologie

Moray betrachtet das Gehirn als ein Verarbeitungssystem, das – analog zu einem Computer – eine Art zentrale Verarbeitungseinheit (*central processing unit,* CPU) besitzt, die für die Ausführung aller mentalen Operationen zuständig ist. Die Kapazität wird hier als eine Eigenschaft der CPU verstanden, die sich am besten mit der Leistungsfähigkeit dieser Einheit vergleichen läßt. Auch hier ist die Nähe zur Computertechnologie evident (vgl. Neumann, 1996a). So teilen serielle Rechner ihre Verarbeitungskapazität zwischen mehreren gleichzeitigen Abläufen auf, indem sie schnell zwischen beiden Vorgängen hin- und herschalten. Dies macht es beispielsweise möglich, zeitgleich einen Text auszudrucken und weiterzuschreiben.

Kahneman (1973) bezog sich mit seiner Kapazitätstheorie ebenfalls auf die Vorstellung eines begrenzten Vorrates, der für die Leistungsfähigkeit eines Verarbeitungssystems verantwortlich ist. Er sah diese Kapazität aber nicht wie Moray als eine Eigenschaft des Systems, sondern betrachtete sie als einen „unspezifischen Input", der als eine Art Kapazitätsvorrat verstanden werden kann. Demnach benötigt jede Tätigkeit einen materialspezifischen Informations-Input sowie einen unspezifischen Input. In dieser Sichtweise wird zwischen einem Selektions- und einem Intensitätsaspekt der Aufmerksamkeit unterschieden. Der Selektionsaspekt bezieht sich dabei auf die *Aufmerksamkeitszuwendung* zu einem ganz bestimmten Inhalt, während sich der Intensitätsaspekt auf den *Grad der Aufmerksamkeit* bezieht. Selektive Aufmerksamkeit läßt sich in dieser Theorie als gezielte Zuweisung von Anstrengung zu einer bestimmten Tätigkeit auffassen (Kahneman, 1973).

Widersprüchliche Befunde zur Rolle von Störreizen (Interferenzen)

Die Theorie eines undifferenzierten Kapazitätsvorrates ist aber nur haltbar, wenn die gegenseitige Störung (Interferenz) bei gleichzeitigen Doppelaufgaben, die wir geteilte Aufmerksamkeit nennen, nur durch den Schwierigkeitsgrad der Aufgaben beeinflußt werden, nicht aber durch andere Merkmale wie etwa die Ähnlichkeit der Aufgaben. Es stellte sich jedoch heraus, daß Ähnlichkeiten in den Reaktionsmechanismen durchaus einen Einfluß auf die Interferenz haben. In einer Untersuchung von Posner und Boies (1971) mußten die Versuchspersonen sowohl bei einer Buchstabenvergleichsaufgabe als auch bei einer Suchreizaufgabe mit einem Tastendruck reagieren. Hier bestand also eine Ähnlichkeit im Reaktionsmechanismus. Eine Änderung in den Reaktionsmechanismen hatte nun aber einen Einfluß auf die Interferenzstärke (McLeod, 1977), was der Annahme eines undifferenzierten Kapazitätsvorrates widerspricht. Kahneman (1973) nahm daher an, daß es zwei *verschiedene Interferenzarten* gibt. Diese sollten in einer Kapazitätsinterferenz, die aus der Konkurrenz um den begrenzten Kapazitätsvorrat hervorgeht, und aus einer strukturellen Interferenz bestehen, die bei gleichzeitiger Nutzung desselben Wahrnehmungs- oder Reaktionsmechanismus auftritt.

Die Theorie getrennter Energievorräte

In der Folgezeit mehrten sich jedoch die empirischen Belege dafür, daß die Interferenz von der Art der konkurrierenden Aufgaben abhängen, so daß die Theorie eines unspezifischen (begrenzten) Kapazitätsvorrates zur Erklärung von Aufmerksamkeitsprozessen als unzureichend eingeschätzt wurde. Daraus entstand die Theorie *getrennter Energievorräte* bzw. multipler Ressourcen, die in mehreren Modellen entwickelt wurde (Wickens, 1984). Ein „kognitiv-energetisches Modell" wurde von Sanders (1983) vorgestellt (siehe Abb. 3). Dieses Modell besteht zum einen aus einer *strukturellen Ebene* mit vier Stufen, der

- Reizvorverarbeitung,
- Merkmalsextraktion,
- Reaktionsauswahl und
- motorischen Anpassung

und zum anderen aus einer *energetischen Ebene* mit drei Arten von Ressourcen,

- dem Arousal,
- der Aktivierung und
- der Anstrengung.

Abgesehen von der Reizvorverarbeitung beanspruchen die jeweiligen Prozesse der strukturellen Ebene unterschiedliche Ressourcen: Die Merkmalsextraktion nutzt das Arousal, die Reaktionswahl erfordert Anstrengung und die motorische Anpassung benötigt Aktivierung. Zusätzlich hat in diesem Modell die Ressource Anstrengung auch noch die Aufgabe, die Zuteilung der Ressourcen Aktivierung und Arousal zu steuern.

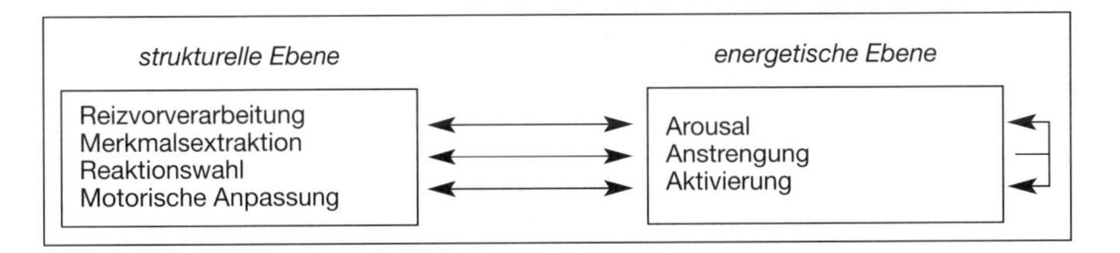

Abbildung 3
Verbindung der strukturellen und der energetischen Ebene
im kognitiv-energetischen Modell

Ist Kapazitätsknappheit die Ursache für Aufmerksamkeitsstörungen?

Die bisher dargestellten Theorien gingen davon aus, daß es eine einzige funktionelle Ursache für alle Aufmerksamkeitsphänomene gibt, die in einer Kapazitätsknappheit liegt. Hierbei wird entweder
- von einer begrenzten Verarbeitungskapazität des informationsverarbeitenden Systems oder
- von einem begrenzten spezifischen oder unspezifischen Vorrat an Verarbeitungskapazität

ausgegangen. Der Kognitionspsychologe Neisser (1979) stellt diese Vorstellung einer begrenzten Kapazität des Gehirns generell in Frage. Er bezweifelt dabei nicht, daß es gegenseitige Störungen bei der gleichzeitigen Bearbeitung verschiedener Aufgaben überhaupt gibt, aber er sieht die Ursachen hierfür nicht in einer begrenzten Kapazität. Vielmehr lassen sich nach Neisser (1979) die Probleme, die bei gleichzeitiger Durchführung von zwei Aufgaben auftreten, auf verschiedene Ursachen zurückführen:

Verschiedene Ursachen für Aufmerksamkeitsstörungen

- Periphere Interferenz
  → physisch unvereinbare Handlungen
  → sich gegenseitig maskierende Sinnesreize
- Koordinationsprobleme
  → unvereinbare Zeitstrukturen
  → unvereinbare Körperhaltungen
  → Mangel an Übung
- Interferenz tritt auf, wenn „wir versuchen, für zwei unvereinbare Vorhaben dieselben Wahrnehmungsschemata zu benutzen" (Neisser, 1979, S. 85).
- Interferenz kann als Informationshindernis für die parallele Entwicklung unabhängiger, aber ähnlicher Schemata verstanden werden. Dies dient dazu, neue Informationen dem richtigen kognitiven Schema zuzuweisen, ohne daß es zu Verwechslungen kommt, was bei der parallelen Entwicklung ähnlicher Schemata durchaus möglich wäre.

Neisser (1979) geht davon aus, daß es keinen Filterprozeß oder Mechanismus gibt, der irrelevante Reize zurückweist. Er ist der Auffassung, daß bestimmte Reize entweder gar nicht erst aufgenommen werden, weil die betreffende Person nicht über passende Schemata verfügt oder weil aufgrund mangelnder Übung ein entsprechendes Wahrnehmungslernen gar nicht erst stattgefunden hat.

Auch Allport (1980) befaßt sich mit Interferenzen bei gleichzeitiger Bearbeitung von Doppelaufgaben und hält ebenfalls Kapazitätsgrenzen des Gehirns für wenig plausibel. Ähnlich wie auch Neisser (1979) identifiziert er drei Faktoren, die für eine Interferenz verantwortlich sein können,

- eine funktionsspezifische Beschränkung, das heißt Handlungen sind physisch unvereinbar;
- eine datenspezifische Beschränkung, hierbei handelt es sich um handlungssteuernde Informationen, die Auslösebedingungen für zwei Handlungen sind, und
- Beschränkungen bei der gleichzeitigen Aufrechterhaltung verschiedener Handlungsziele.

Begrenzte Aufmerksamkeit als Schutz vor Chaos

Neumann (1996a) gibt allerdings zu bedenken, daß selbst ein Organismus, dem eine unbegrenzte Verarbeitungskapazität zur Verfügung stünde, trotzdem zwischen Handlungsalternativen und demzufolge zwischen handlungssteuernden Umgebungsreizen auswählen muß; anderenfalls würde er sich in einem Chaos einander widersprechender Handlungen verstricken. In dieser Sichtweise wäre Interferenz kein Mangel, sondern eine Fähigkeit, die daraus besteht, nicht gewollte Handlungen zu unterdrücken und irrelevante Reize an einem Zugang zur Handlungssteuerung zu hindern.

Im Laufe der Zeit haben sich aus dem zunächst globalen Konzept der Aufmerksamkeit zunehmend komplexere Modelle mit immer differenzierteren Komponenten entwickelt. Diese Ausdifferenzierung ist mit Entwicklungen innerhalb der Gedächtnisforschung vergleichbar, in der sich ebenfalls aus dem Konzept eines einheitlichen Gedächtnisses verschiedene Komponenten wie Kurz- und Langzeitgedächtnis, episodisches und semantisches, prozedurales und deklaratives, explizites und implizites Gedächtnis entwickelt haben.

Aufmerksamkeit als gezielte und effektive Informationsverarbeitung

Unabhängig von der jeweiligen Modellvorstellung läßt sich Aufmerksamkeit als ein Mechanismus begreifen, der die überaus große Menge an Umwelteindrücken aufnimmt und sortiert. Die Aufmerksamkeit dient also dazu, die (möglicherweise begrenzten) kognitiven Fähigkeiten so zu nutzen, daß sie den relevanten Anteil der Umweltreize gezielt verarbeiten. Dieser Mechanismus scheint – abhängig von situativen Bedingungen und von den verschiedenen Aufgaben – unterschiedlich zu funktionieren.

Neuere, vor allem neuropsychologische Modellvorstellungen orientieren sich meist an Weiterentwicklungen des Mehrkomponentenmodells der Aufmerksamkeit von Posner und Boies (1971). Hierzu gehören vor allem die Konzepte von Posner und Rafal (1987) und von van Zomeren und Brouwer (1994; vgl. auch die kritische Zusammenfassung von Sturm & Zimmermann, 2000). Auch in diesen Modellvorstellungen werden mehrere Bereiche der Aufmerksamkeit unterschieden. Diesen und weiteren Einteilungen sind mindestens die folgenden drei Bereiche gemeinsam (Cohen, 1993; Kausler, 1991; La Rue, 1992; Parasuraman, 1998; Prosiegel, 1998; Sturm, 1997; van Zomeren & Brouwer, 1994):

Verschiedene Komponenten der Aufmerksamkeit

- Vigilanz (Daueraufmerksamkeit),
- selektive Aufmerksamkeit und
- geteilte Aufmerksamkeit.

Vigilanz

Unter *Vigilanz* wird ein bestimmter Aktiviertheitsgrad verstanden, der einen Menschen in die Lage versetzt, eine Veränderung in einer Reihe von gleichförmigen Reizen wahrzunehmen. Beispiele, in denen diese Form der Daueraufmerksamkeit eine entscheidende Rolle spielt, sind etwa die Qualitätskontrolle von Waren, die auf einem Fließband am Endkontrolleur vorbeiziehen und von denen nur die (wenigen) fehlerhaften Exemplare aussortiert werden müssen, oder der Arbeitsplatz eines Fluglotsen im Tower eines Flughafens, der über viele Stunden die Leuchtpunkte auf dem Monitor beobachten und nur im Falle einer drohenden Kollision blitzschnell eingreifen muß. Das zentrale Merkmal der Vigilanz besteht also in der Fähigkeit, einen gleichmäßig hohen Aktiviertheitsgrad über einen längeren Zeitraum hinweg beizubehalten. Diese Leistung kann recht einfache Überwachungsaufgaben ohne weitere kognitive Anforderungen beinhalten oder auch schwierigere Aufgaben, die zusätzliche kognitive Leistungen abverlangen. Daher läßt sich die Vigilanz weiter aufteilen in

- einfache Vigilanz und
- Vigilanz mit zusätzlichen kognitiven Anforderungen.

Selektive oder fokussierte Aufmerksamkeit

Unter *selektiver oder fokussierter Aufmerksamkeit* wird die Fähigkeit verstanden, schnell und zuverlässig auf relevante Reize zu reagieren und sich dabei nicht durch irrelevante Informationen oder durch Störreize ablenken zu lassen. Es darf also aus einer Vielzahl an gleichzeitigen Reizen nur ein einzelner und in diesem Augenblick bedeutsamer Reiz beachtet werden. Ein typisches Alltagsbeispiel für diese Aufmerksamkeitsdimension ist eine Cocktailparty. Hier ist es uns in der Regel auch in einer großen Gruppe von Partygästen möglich, den Mitteilungen unseres direkten Gesprächspartners zu folgen, ohne daß wir uns durch die vielen Gespräche in benachbarten Gruppen irritieren lassen.

Geteilte Aufmerksamkeit

Auch die Fähigkeit zur *geteilten Aufmerksamkeit* stellt eine tägliche Routineanforderung dar. Sie beschreibt unser Vermögen, zwei oder auch mehrere Aufgaben gleichzeitig zu bewältigen, das heißt die Aufmerksamkeit als Ganzes zwischen zwei oder mehr Anforderungen aufzuteilen. Im Alltag benötigen wir diese Fähigkeit, wenn wir beim Autofahren gleichzeitig den Verkehr beachten und uns zusätzlich mit unserem Beifahrer unterhalten.

Diese Fähigkeit ist jedoch offenbar situationsabhängig. Im Falle einer unübersichtlichen oder gefährlichen Verkehrssituation brechen wir die Unterhaltung mit unserem Beifahrer sofort ab und widmen unsere Aufmerksamkeit vollständig der Verkehrslage. Die Fähigkeit zur Aufmerksamkeitsteilung hängt also in erster Linie vom Interferenzgrad zwischen beiden oder auch mehreren Aufgaben ab, das heißt davon, wie sehr die Durchführung der einen Aufgabe die Bewältigung der anderen Aufgabe beeinflußt. Das Ausmaß der Interferenz zwischen zwei (oder mehr) Aufgaben wird durch

- den Schwierigkeitsgrad der Aufgaben,
- die Ähnlichkeit der Aufgaben in Bezug auf die benötigten Sinnesmodalitäten und Verarbeitungsressourcen sowie
- die Automatisierbarkeit der Aufgabenbearbeitung festgelegt (vgl. Hartley, 1992).

Aufmerksamkeitsaktivierung (Alertness)

Als eine weitere Aufmerksamkeitskomponente wird gelegentlich auch die *Aufmerksamkeitsaktivierung* oder *Alertness* beachtet. Hierunter ist die allgemeine Reaktionsbereitschaft oder die kurzfristige Aktivierung der Aufmerksamkeitsaktivierung zu verstehen, die sich wiederum unter zwei Bedingungen erfassen läßt:

- die *phasische Alterness* beschreibt die Fähigkeit, auf einen vorherigen Warnreiz hin die Aufmerksamkeitsintensität kurzfristig zu steigern, beispielsweise beim Starten des PKW bei „Grün", wenn die Ampel zuvor „Gelb" angezeigt hat und
- die *tonische Alertness,* unter der die Fähigkeit zur schnellen Aufmerksamkeitsaktivierung ohne vorherigen Warnreiz (aufgabenbezogene Reaktionsgeschwindigkeit), etwa beim schnellen und sicheren Treffen von Tontauben auf einem Schießstand, verstanden wird.

Dimensionen der Aufmerksamkeit: Intensität und Selektivität

Die beschriebenen Aufmerksamkeitskomponenten lassen sich zum einen dimensional ordnen, das heißt, ob primär die Intensität oder die Selektivität der Aufmerksamkeit gefordert ist, und sie lassen sich zum anderen auch mit unterschiedlichen neuronalen Netzwerken in Verbindung bringen (vgl. Sturm & Zimmermann, 2000; siehe Tab. 1).

Taxonomie der Aufmerksamkeit

Die Bedeutung einer Taxonomie von Aufmerksamkeitskomponenten für die Diagnostik von Störungen besteht darin, daß sie

- eine gezielte Auswahl diagnostischer Verfahren zuläßt, wenn bereits Vorinformationen über die Lokalisation einer Hirnfunktionsstörung vorliegen und daher Hypothesen über die vermutlich beeinträchtigten Aufmerksamkeitsbereiche gebildet werden können (neuronales Netzwerk → Aufmerksamkeitskomponente), oder
- umgekehrt aus selektiv gestörten bzw. erhaltenen Aufmerksamkeitskomponenten Rückschlüsse auf die möglicherweise beeinträchtigten Hirnfunktionen gezogen werden können (Aufmerksamkeitskomponente → Netzwerk) oder

Tabelle 1
Taxonomie von Aufmerksamkeitskomponenten (nach Sturm & Zimmermann, 2000)

Dimension	Aufmerksamkeits-komponente	Neuronales Netzwerk	Untersuchungs-Prinzip
Intensität	Aufmerksamkeitsaktivierung (Alertness)	Formatio reticularis, v. a. noradrenerge Kerngebiete, präfrontaler und parietaler Kortex der rechten Hemisphäre	Einfache visuelle oder auditive Reaktionsaufgaben mit und ohne Warnreiz
	Daueraufmerksamkeit	Thalamuskerne, Gyrus cinguli	Langandauernde einfache Signalentdeckungsaufgaben, hohe Anzahl kritischer Reize
	Vigilanz		Langandauernde monotone Signalentdeckungsaufgaben, geringe Anzahl kritischer Reize
Selektivität	Selektive oder fokussierte Aufmerksamkeit	Frontaler Kortex der linken Hemisphäre, fronto-thalamische Verbindungen zum Nucleus reticularis (Thalamus)	Wahlreaktionsaufgaben, Aufgaben mit ablenkenden Störreizen
	Wechsel des Aufmerksamkeitsfokus	Parietaler Kortex, Colliculi superiores, Teile des Thalamus	Aufgaben mit Anforderungen an den Wechsel des räumlichen Aufmerksamkeitsfokus
	Geteilte Aufmerksamkeit	Bilateraler frontaler Kortex, vorderes Cingulum	„Dual-task"-Aufgaben, Aufgaben zur kognitiven Flexibilität

- das anzuwendende Untersuchungsprinzip und damit geeignete Testverfahren aus der mutmaßlich gestörten Aufmerksamkeitsfunktion und dem zugehörigen neuronalen Netzwerk abgeleitet werden können (Aufmerksamkeitsfunktion/neuronales Netzwerk → Untersuchungsdesign) oder
- im Alltag nach Störungen in der jeweiligen Aufmerksamkeitsdimension (Intensität/Selektivität) gesucht werden kann.

1.2 Gestörte Aufmerksamkeit

Vielfältige Aufmerksamkeitsstörungen im Alltag

Auch die Vielfalt, mit der sich Aufmerksamkeitsstörungen im Alltag bemerkbar machen können, spricht gegen ein einheitliches Konzept von Aufmerksamkeit. Vor allem experimentalpsychologische und neuropsychologische Befunde haben in den letzten Jahren dazu beigetragen, verschiedene *Komponenten* der Aufmerksamkeit zu identifizieren, denen zum Teil auch eine hochkomplexe Beteiligung unterschiedlicher Hirnstrukturen und neurophysiologischer Prozesse zugeordnet werden konnte (Neumann, 1996a, 1996b; Sturm & Zimmermann, 2000; siehe hierzu auch Kapitel 1.1).

Fünf-Komponenten-Modell der Aufmerksamkeit

Neumann (1992, 1996b) entwickelte ein Fünf-Komponenten-Modell der Aufmerksamkeit, das den Vorteil hat, vereinzelt bereits mit spezifischen und zum Teil auch im Gehirn lokalisierbaren *Fehlfunktionen* verbunden werden zu können (siehe Kasten 2):

Kasten 2
Komponenten der Aufmerksamkeit und ihre Störungen

Aufmerksamkeitskomponente	Fehlfunktion/Lokalisation
1. Verhaltenshemmung	Frontalhirn-Syndrom, Split-Brain-Patienten
2. Handlungsplanung	Frontalhirn-Syndrom, vermutlich auch Hyperaktivität
3. Informationsselektion zur Handlungssteuerung	Parietale Hirnschädigungen, Neglect, Autismus, Morbus Alzheimer, Morbus Parkinson
4. Regulation des psychophysiologischen Erregungsniveaus	Schizophrenie, möglicherweise auch Antriebsstörungen
5. Fertigkeitsbedingte Interferenz	Noch keine spezifische Zuordnung möglich

Verhaltenshemmung: Schutz vor Chaos

Unter *Verhaltenshemmung* wird diejenige Funktion verstanden, die ein Verhaltenschaos durch das gleichzeitige Aktivieren derselben Ausführungsorgane (Effektoren) verhindert. Auf diese Weise wird in der Regel zu einem Zeitpunkt ausschließlich eine Tätigkeit ausgeführt. Dies läßt sich sehr anschaulich bereits bei der einfachen Orientierungsreaktion beobachten: Hören wir ein unerwartetes Geräusch, wird die laufende Handlung sofort unterbrochen und wir lenken unsere Aufmerksamkeit unmittelbar der Geräuschquelle zu. Die Verhaltenshemmung ist so der physiologische Widerpart der geteilten Aufmerksamkeit, das heißt der Fähigkeit, in bestimmten Situationen unsere Aufmerksamkeit zwei Tätigkeiten gleichzeitig zuzuwenden.

Die *Handlungsplanung* erlaubt uns ein Überwinden der Verhaltenshemmung, indem mehrere Teilhandlungen einem Handlungsplan unterstellt und hierbei auch gleichzeitig ausgeführt werden können. Im Alltag sind Mehrfachhandlungen sogar der Regelfall, beispielsweise beim Autofahren (gleichzeitiges Schalten, Gasgeben, Stadtplan absuchen und Verkehr beobachten) oder in der Schule (gleichzeitiges Abschreiben von der Tafel und Zuhören). Die Handlungsplanung erlaubt uns auch, Tätigkeiten relativ unabhängig von äußeren (ablenkenden) Reizen auszuführen, wobei wir in diesem Fall unserem eigenen mentalen Plan folgen. Als wichtiger Aspekt der Selbstregulation erlaubt uns die Handlungsplanung eine willkürliche Aufmerksamkeitszuwendung auf zuvor dem Handlungsziel untergeordnete (motorische, kognitive oder sprachliche) Handlungen oder Umgebungsreize.

Handlungsplanung ermöglicht Mehrfachhandlungen

Die *Informationsselektion* zur Handlungssteuerung dient auf einer frühen Stufe der Aufmerksamkeit ebenfalls der Unterscheidung von wichtigen und unwichtigen sensorischen Reizen. Diese Funktion entspricht am ehesten dem „Filter" in den frühen kognitiven oder informationstheoretischen Aufmerksamkeitsmodellen. Sie ist auf sensorische Reize beschränkt und wird physiologisch durch zum Teil subkortikal und thalamo-kortikal regulierte Bahnungs- und Hemmungsprozesse bestimmt.

Informationsselektion: Unterscheidung zwischen Wichtigem und Unwichtigem

Die *Regulation des psychophysiologischen Erregungsniveaus* dient der Erregungssteigerung bei neuen Umgebungsreizen sowie der Aktivierung, die zur Vorbereitung unserer Reaktion darauf erforderlich ist. Diesen beiden Teilfunktionen ist eine zusätzliche Anstrengungskomponente übergeordnet, die dazu beiträgt, die Intensität der Aufmerksamkeit über einen längeren Zeitraum aufgabengerecht zu modulieren.

Aktivierung der Aufmerksamkeit

Die *fertigkeitsbedingte Interferenz* bezieht sich auf die Beobachtung, daß Doppelaufgaben, das heißt das gleichzeitige Ausführen von zwei Tätigkeiten, immer dann schwierig oder auch gar nicht zu bewältigen sind, wenn die beiden hierzu erforderlichen Tätigkeiten sich strukturell gleichen. So ist es Kindern in der Regel möglich, gleichzeitig Fahrrad zu fahren und der Musik in einem Walkman zuzuhören, während das Musikhören bei gleichzeitigem Lesen schwerer fällt. Dieses Beispiel zeigt auch, daß die fertigkeitsbedingte Interferenz nicht unbedingt nur bei gleichzeitiger Aktivierung derselben Sinnesmodalität wirksam wird, sondern daß die Struktur der Aufgabe entscheidend ist.

Wann können zwei Aufgaben gleichzeitig bewältigt werden?

Das Vorhandensein *verschiedener* Aufmerksamkeitskomponenten wird uns meist erst durch Störungen bewußt, die sich selektiv in einem Bereich der Aufmerksamkeit auswirken und andere Aufmerksamkeitsleistungen unbeeinträchtigt lassen. Aufmerksamkeitsstörungen können verschiedene Ursachen haben. Krankhafte Veränderungen, vor allem neurologisch verursachte Störungen, führen oft zu umschriebenen, aber auch zu besonders

Störungen und Fehlleistungen

langanhaltenden und ausgeprägten Aufmerksamkeitsstörungen. Normale Fehlleistungen im Alltag wirken sich dagegen meist diffuser und weniger spezifisch, dafür aber nur kurzfristig und reversibel aus. In beiden Fällen lassen sich die dabei entstehenden Fehlleistungen bei genauerer Analyse und vor allem mit Hilfe geeigneter diagnostischer Verfahren den zuvor beschriebenen Aufmerksamkeitskomponenten zuordnen (vgl. Neumann, 1996b). Folgende Störungen lassen sich unterscheiden:

- Störungen der Verhaltenshemmung,
- Störungen der Handlungsplanung,
- Störungen der Informationsselektion zur Handlungssteuerung,
- Störungen der Regulation des psychophysiologischen Erregungsniveaus und
- fertigkeitsbedingte Interferenz.

Störungen der Verhaltenshemmung

Störungen der Verhaltenshemmung zeigen sich sowohl bei Patienten mit krankhaften Veränderungen im Bereich des Stirnhirns („Frontalhirn-Syndrom") als auch bei Patienten mit einem angeborenen Fehlen bzw. nach einer operativen Durchtrennung des Balkens (Agenesie des Corpus callosum bzw. Split-Brain-Patienten).

Die Rolle des Frontalhirns

Schädigungen des Stirn- oder Frontalhirns (siehe Abb. 4) treten zumeist als Folge von Unfällen oder auch durch Hirntumore oder nach entzündlichen Erkrankungen (Encephalitis oder Meningitis) auf. Da das Frontalhirn eine entscheidende Rolle für die gesamte Verhaltenssteuerung spielt, kommt es hier nicht selten auch zu beeindruckenden Störungen der Verhaltenshemmung (vgl. Heubrock, 1994; Heubrock & Petermann, 1997a, 1997b; Heubrock & Petermann, 2000, S. 327 ff.). So zeigt sich bei einer sogenannten Plus-Symptomatik des Frontalhirn-Syndroms mit pathologisch gesteigerter Aktivität oft

- ein zwanghaftes *Verwendungsverhalten*, bei dem der Patient auch in völlig unpassenden Situationen beliebige Gegenstände sofort benutzt (z.B. ein vor ihm liegendes Taschentuch zur Nase führt oder ein vor ihm stehendes halbvolles Wasserglas leertrinkt);
- ein zwanghaftes *Imitationsverhalten*, wobei der Patient die Körperbewegungen, die Mimik oder sogar den Tonfall und die Mundart seines Gegenübers „spiegelt"; und
- sprachliche oder motorische *Perseverationen*, bei der begonnene Handlungen unaufhaltsam fortgesetzt oder sprachliche Äußerungen stereotyp wiederholt werden (eine Patientin schrieb auf einem Rechenaufgabenblatt hinter die erste Aufgabe „11–7=" immer wieder die Zahl „4", bis ihr der Stift aus der Hand genommen wurde).

Diese besonders eindrucksvollen Symptome eines Frontalhirn-Syndroms sind leicht als Störung der Verhaltenshemmung zu erkennen, da es den Patienten in allen Fällen nicht gelingt, den Impuls zu einer (sinnlosen) Handlung oder die Fortführung einer bereits abgeschlossenen Handlung zu hemmen.

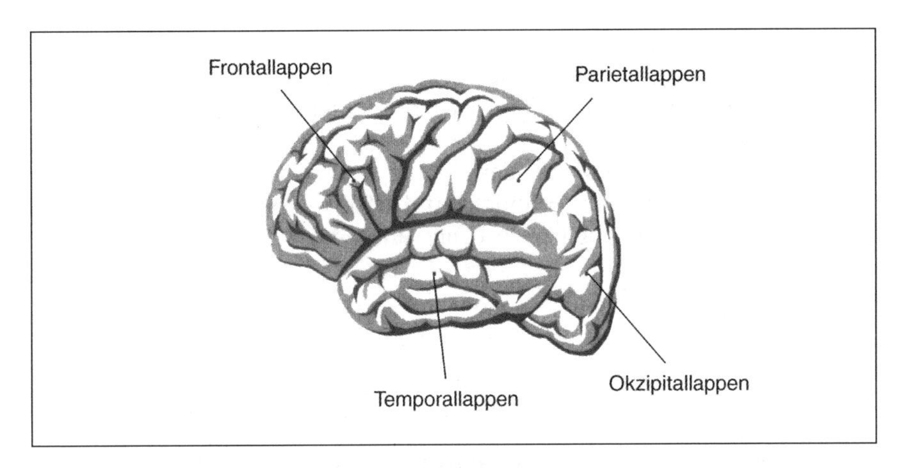

Abbildung 4
Die vier Lappen der Großhirnrinde (nach Heubrock & Petermann, 2000, S. 22)

Auch Balkenstörungen führen zu Problemen der Verhaltenshemmung

Nicht weniger beeindruckend sind Störungen der Verhaltenshemmung bei Patienten, bei denen der Balken (Corpus callosum), der die beiden Großhirnhälften (Hemisphären) miteinander verbindet und somit für einen ständigen Informationstransfer sorgt, operativ durchtrennt wurde (Zaidel, 1997). Diese sogenannten Split-Brain-Patienten versuchen häufig, gleichzeitig mit beiden Händen gegensätzliche Handlungen auszuführen. So knöpfen sie mit der einen Hand ein Hemd zu, während die andere Hand es bereits wieder aufzuknöpfen beginnt oder sie versuchen, mit der einen Hand die Türklinke herunter- und mit der anderen den Türgriff heraufzudrücken. Ähnliche, auf eine gestörte Verhaltenshemmung zurückzuführende Fehlleistungen zeigen sich auch bei Kindern mit einem angeborenen Balkenmangel (Agenesie des Corpus callosum), der in der Regel auf eine sehr frühe, vor der zehnten Schwangerschaftswoche stattfindende Schädigung des sich entwickelnden embryonalen Nervensystems zurückgeht (Heubrock & Petermann, 2000, S. 80 ff.).

Störungen der Handlungsplanung beim Frontalhirn-Syndrom

Störungen der Handlungsplanung sind wiederum eng mit pathologisch veränderten Funktionen des Stirn- oder Frontalhirns verbunden. Bei Patienten mit einem Frontalhirn-Syndrom kommt es neben den beschriebenen Problemen der Verhaltenshemmung auch häufig zu folgenden Verhaltensmerkmalen (vgl. Heubrock & Petermann, 1997 a, b; Heubrock & Petermann, 2000, S. 330 f.; siehe auch Kasten 3): Sie sind unfähig,

- das eigentliche Ziel einer Handlung im Auge zu behalten und ihre Handlungen daran zu orientieren,
- eigenes Handeln von der Gegenwart in die Zukunft zu übertragen (Antizipation),

- vor der Ausführung einer Handlung einen Handlungsplan zu entwickeln,
- mehrere wichtige Aspekte einer Aufgabe gleichzeitig zu beachten,
- bei absehbarem Scheitern Alternativen zur ursprünglichen Handlung zu entwickeln,
- Ziele und Handlungen zu ändern,
- ihr eigenes Handeln im Hinblick auf das Ziel zu beurteilen und
- auf in der Vergangenheit erworbenes Wissen gezielt zurückzugreifen.

Kasten 3

Verhaltensmerkmale des Frontalhirn-Syndroms und ihre Folgen (nach Heubrock & Petermann, 2000, S. 330 f.)

1. Problembereich: Zielgerichtetheit einer Handlung	
Merkmale:	Unfähigkeit, das „eigentliche" Ziel im Auge zu behalten und Handlungen daran zu orientieren; Unfähigkeit, eigenes Handeln von der Gegenwart in die Zukunft zu übertragen (Antizipation);
Folgen:	Handlungsabbrüche, stereotype Wiederholungen, leichte Ablenkbarkeit durch Umgebungsreize.
2. Problembereich: Erstellung eines Handlungsentwurfs (Planen)	
Merkmale:	Unfähigkeit, vor der Ausführung einen Handlungsplan zu entwickeln;
Folgen:	Vorzeitiges Reagieren, „Überspringen" oder „Hin- und Herspringen" bei der Aufgabenbearbeitung, „Hängenbleiben" an Teilaspekten.
3. Problembereich: Veränderbarkeit von Plänen	
Merkmale:	Unfähigkeit, mehrere Aspekte simultan zu beachten; Unfähigkeit, Alternativen zur ursprünglichen Handlung zu entwickeln; Unfähigkeit, Ziele oder Handlungen zu ändern;
Folgen:	Handlungen werden auch bei absehbarem Scheitern fortgesetzt.
4. Problembereich: Rückkopplung von Planen und Handeln	
Merkmale:	Unfähigkeit, eigenes Handeln im Hinblick auf das Ziel zu beurteilen;
Folgen:	Unwahrscheinliche Lösungen werden nicht erkannt; andere Handlungen (z. B. Einkäufe) als die Zielhandlung (z. B. Einkaufsliste) werden ausgeführt.

5. Problembereich: Wissen des Handelnden	
Merkmale:	Unfähigkeit, auf in der Vergangenheit erworbenes Wissen zurückzugreifen; Unfähigkeit, zukünftig wichtige, neue Informationen zu beachten; Unfähigkeit, sich in andere Menschen hineinzuversetzen (Dezentrierung), obwohl soziale Regeln bekannt sind;
Folgen:	Gelerntes wird nicht genutzt, keine Transferleistungen, „Leben im Augenblick", unsoziale und egozentrische Handlungen.

Auf diese Weise fällt es den betroffenen Patienten im Alltag schwer, sich über eine längere Zeit auf eine Aufgabe zu konzentrieren, sie sind leicht ablenkbar und irritierbar und reagieren sofort auf jede Veränderung in ihrer Umgebung; nicht selten verhalten sie sich auch impulsiv und ohne vorheriges Überlegen (Planen), sie unterschätzen Gefahren und sind häufig auch sehr stimmungslabil und nicht selten aggressiv (vgl. Heubrock, 1994; Koch, 1994).

Aufmerksamkeitsdefizit-/Hyperaktivitätsstörung

Diese Verhaltensmerkmale stimmen auch mit den wichtigsten klinischen Merkmalen der „Aufmerksamkeitsdefizit-/Hyperaktivitätsstörung" (DSM-IV, Ziffer 314) bzw. der „hyperkinetischen Störung des Sozialverhaltens" (ICD-10, Ziffer F90.1) überein (siehe hierzu Kapitel 3.1). Ein Zusammenhang zwischen neurologischen Störungen und diesen früher zusammenfassend als „Hyperkinetisches Syndrom" (HKS) bezeichneten Aufmerksamkeitsstörungen wird bereits seit längerem vermutet und konnte inzwischen auch in verschiedenen Untersuchungen bestätigt werden. So zeigte sich, daß Kinder mit einem HKS

- Funktionsstörungen im Bereich des Frontalhirns aufweisen, die auf eine Minderdurchblutung des frontalen Kortex und solcher Gehirnregionen (z.B. Striatum) hindeuten, die mit dem Frontalhirn funktionell eng verbunden sind (Lou et al., 1989; Rothenberger, 1990, 1995, 1996; Zametkin, Liebenauer, Fitzgerald & King, 1993),
- neuroanatomische Abweichungen, unter anderem auch im Bereich des Frontalhirns, zeigen können (Giedd, Castellanos, Casey & Kozuch, 1994),
- eine pathologisch veränderte EEG-Aktivität haben (Baving, Laucht & Schmidt, 1999; Dumais-Huber & Rothenberger, 1992; Silberstein et al., 1998), zu der bei Kindern mit einer zusätzlichen Störung des Sozialverhaltens auch pathologische Veränderungen der auditiven selektiven Aufmerksamkeit bei Messung evozierter Potentiale hinzutreten können (Rothenberger & Schmidt, 2000), und daß

– bei ihnen ein unausgewogenes Verhältnis (Imbalance) des Neurotransmitterhaushaltes, insbesondere katecholaminerger Transmittersysteme und hier vor allem ein Mangel an Noradrenalin mit Auswirkungen auf das Frontalhirn, vorliegt (Greenhill, 1990; Zametkin & Rapoport, 1987).

Entwicklungspsychologie des Handelns

Die enge Verbindung zwischen Fehlleistungen der Handlungsplanung und gestörten Frontalhirnfunktionen wird nicht zuletzt auch aus einer entwicklungspsychologischen Perspektive gestützt. So gelingt es Kindern bis etwa zum zwölften Lebensjahr nur unzureichend, Reaktionen auf irrelevante Reize zu hemmen und Perseverationsneigungen zu unterdrücken (Passler, Isaac & Hynd, 1985; vgl. hierzu zusammenfassend auch Neumann, 1996b). Diese Befunde stimmen mit Untersuchungen zur entwicklungsabhängigen Veränderungen der Durchblutungsrate in verschiedenen Gehirnregionen überein, denen zufolge im Entwicklungsverlauf eine Steigerung der Durchblutungsrate zuletzt im Frontalhirn erreicht wird (Rothenberger & Hüther, 1997; vgl. auch Tab. 2).

Tabelle 2
Entwicklungspsychologie funktioneller Systeme im Kindesalter
(aus Heubrock & Petermann, 2000, S. 24)

Neurpsychologische Entwicklungsstufe	Funktionelles System	Hirnstrukturen	Entwicklungsalter	Entwicklungsstufe nach Piaget
1	Aktivierungseinheit	Formatio reticularis	0 bis 12 Monate	–
2	Primäre sensorische und motorische Areale	Visuelle, auditorische, somatosensorische und motorische Regionen	0 bis 12 Monate	Sensumotorische Entwicklung
3	Sekundäre Assoziationfelder, Hemisphärendominanz	Sekundäre sensorische und motorische Regionen	0 bis 5 Jahre	Präoperationales anschauliches Denken
4	Tertiäre sensorische Input-Areale	Parietallappen	5 bis 8 Jahre	Anschauliches und konkret-operatives Denken
5	Tertiäre Output-Areale, Handlungsplanung	Präfrontale Region	12 bis 24 Jahre	Formal-logisches Denken

Der Neglect – eine interessante Aufmerksamkeitsstörung

Auch für Störungen der Informationsselektion zur Handlungssteuerung haben sich mittlerweile neuroanatomische Korrelate nachweisen lassen (vgl. den Überblick bei Neumann, 1996b). Diese wichtige Aufmerksamkeitsfunktion scheint bevorzugt an Funktionen des Scheitel-(Parietal-)lappens gebunden zu sein (siehe erneut Abb. 4). Dieser Zusammenhang zeigt sich besonders eindrucksvoll bei Patienten, bei denen es meist nach rechts-parietalen Hirnschädigungen, vereinzelt aber auch nach anders lokalisierten Hirnfunktionsstörungen, zu einer auffälligen Fehlleistung kommt, die Neglect genannt wird. Bei einem Neglect (= Vernachlässigung) werden Reize in der der Hirnfunktionsstörung gegenüberliegenden, das heißt meistens der linken, Raum- und Körperhälfte nicht mehr beachtet. Die betroffenen Patienten essen beispielsweise nur die eine Hälfte des Tellers leer oder zeichnen nur eine Hälfte einer Vorlage ab. Der Neglect ist jedoch keine Wahrnehmungsstörung, sondern Folge einer zentralen Aufmerksamkeitsstörung, durch die eine der beiden Raum- und Körperhälften nicht mehr repräsentiert ist (vgl. Kerkhoff et al., 1993). Die besonderen Charakteristika dieser interessanten Aufmerksamkeitsstörung konnten durch neuropsychologische Untersuchungen zwischenzeitlich herausgearbeitet werden (vgl. Neumann, 1996b).

Während bei gesunden Probanden in einem Reaktionsexperiment ein vorher gegebener Hinweisreiz („cue"), der die Position des nachfolgenden Reizes korrekt angibt, zu einer schnelleren Verarbeitung und ein unkorrekter Hinweisreiz zu einer verzögerten Reaktion führt, verhält sich dies bei Neglect-Patienten anders. Sie lassen sich durch einen unkorrekten Cue deutlich stärker beeinträchtigen als sie durch einen validen Hinweisreiz unterstützt werden. Diese Beobachtung läßt sich dahingehend deuten, daß Neglect-Patienten große Schwierigkeiten haben, ihre Aufmerksamkeit von der unkorrekt angezeigten Reizposition wegzulenken („disengagement"). Ähnliche Probleme in der Loslösung und im Verlagern der Aufmerksamkeit zeigen sich auch bei Patienten mit weiteren neurologischen Störungen (Wainwright-Sharp & Bryson, 1993; vgl. zusammenfassend Neumann, 1996b) und liegen auch bei der autistischen Störung vor (Kusch & Petermann, 2001).

Aufmerksamkeitsstörungen bei psychischen Erkrankungen

Störungen der Regulation des psychophysiologischen Erregungsniveaus werden am häufigsten mit psychischen Erkrankungen in Verbindung gebracht. So scheint eine große Gruppe schizophrener Patienten auf neue Umgebungsreize psychophysiologisch kaum oder nur stark vermindert zu reagieren. Diese durch Messungen der elektrodermalen Aktivität (EDA) festgestellte reduzierte Bereitschaft, das Erregungsniveau (Arousal) der Reizsituation anzupassen, läßt sich sowohl als verminderte Arousalbereitschaft oder als ein bereits generell erhöhtes (und nicht mehr steigerungsfähiges) Arousal interpretieren (vgl. den Überblick bei Neumann, 1996b). Als Folge zeigt sich eine deutliche Störung der Fähigkeit, unwichtige Stimuli zu ignorieren und auf bedeutsame Reize angemessen zu reagieren. Störungen der Regulation des psychophysiologischen Erregungsniveaus lassen sich aber auch mit *Antriebsstörungen* in Verbindung bringen, die ebenfalls

Aufmerksamkeit und Antrieb

zu Aufmerksamkeitsproblemen führen können. In der Neuropsychologie wird als Antrieb die Fähigkeit bezeichnet, „Handlungen selbständig zu initiieren, sie in einem genügend schnellen Tempo auszuführen und dieses Tempo über einen längeren Zeitraum hinweg beizubehalten" (Heubrock & Petermann, 2000, S. 371).

Störungen des Antriebs kommen häufig nach subkortikalen Hirnfunktionsstörungen und nach Schädel-Hirn-Traumen, als „Minus-Symptomatik" beim Frontalhirn-Syndrom und bei Hormonstörungen, beispielswiese als Begleiterscheinung einer verminderten Produktion von Schilddrüsenhormon (Hypothyreose) vor (vgl. Heubrock & Petermann, 2000). Die betroffenen Patienten weisen verzögerte Reaktionszeiten, ein langsames Bewegungs- und Problemlösetempo, Startschwierigkeiten bei neuen Handlungen und ein geringes Durchhaltevermögen auf. In Bezug auf Aufmerksamkeitsstörungen scheint vor allem die Fähigkeit eingeschränkt zu sein, auf innere psychophysiologische Taktgeber („Trigger") zu achten und angemessen zu reagieren, die eigentlich bestimmte Handlungsprogramme aktivieren müßten.

Grenzen der Aufmerksamkeit im Alltag: Kann man zwei Dinge gleichzeitig tun?

Bei der *fertigkeitsbedingten Interferenz* handelt es sich eigentlich nicht um eine pathologische Störung. Sie sorgt zwar für eine Erschwernis bei der gleichzeitigen Ausführung von zwei strukturgleichen Handlungen, ermöglicht auf diese Weise jedoch, daß die eine der beiden Tätigkeiten ungestört ausgeübt werden kann. Obwohl es im Alltag durch die fertigkeitsbedingte Interferenz durchaus zu Fehlleistungen in der Aufmerksamkeit kommen kann, beispielsweise beim gleichzeitigen Telefonieren und Fernsehen, läßt sich für diese aufmerksamkeitsbezogene Störung jedoch weder eine hirnlokale Zuordnung treffen noch ein neurologisches Krankheitsbild heranziehen.

2 Modelle und Befunde zur gestörten Aufmerksamkeit

2.1 Hyperkinetische Störungen

Die wichtigsten Erkenntnisse zur Entstehung und Aufrechterhaltung von Aufmerksamkeitsstörungen sowie zu ihren psychosozialen Folgen entstammen zum einen den umfangreichen Untersuchungen zum Hyperkinetischen Syndrom und zum anderen neuropsychologischen Befunden bei Patienten mit angeborenen und erworbenen Hirnschädigungen. Erst in Ansätzen bekannt sind dagegen diejenigen Veränderungen der Aufmerksamkeit, die sich mit zunehmendem Lebensalter manifestieren.

Das Hyperkinetische Syndrom (HKS)

Das Hyperkinetische Syndrom (HKS), das im neuen Sprachgebrauch des DSM-IV als „Aufmerksamkeitsdefizit-/Hyperaktivitätsstörung" und im ICD-10 als „hyperkinetische Störung des Sozialverhaltens" bezeichnet wird (siehe hierzu Kapitel 3.1), gehört zu den häufigsten Verhaltensstörungen im Kindes- und Jugendalter (siehe zusammenfassend Döpfner, 2000; Heubrock & Petermann, 2000, S. 190 ff.). Es wird allerdings zunehmend auch als „Aufmerksamkeits-Defizit-Syndrom" (ADS) bei Erwachsenen diagnostiziert. Zu den Hauptsymptomen des HKS gehören

- Störungen der Aufmerksamkeit,
- Impulsivität und
- Hyperaktivität.

Störungen der *Aufmerksamkeit* zeigen sich insbesondere darin, daß die Betroffenen schnell ihr Interesse an einer Aufgabe verlieren und zu einer neuen Tätigkeit wechseln, leicht ablenkbar sind, angefangene Aufgaben nicht zu Ende bringen und insgesamt wenig Ausdauer beweisen. Die vor allem bei hyperkinetischen Kindern typische *Impulsivität* zeigt sich vor allem in unüberlegtem Handeln, mangelndem Belohnungsaufschub, der Unfähigkeit abzuwarten und genau zuzuhören sowie der Tendenz, momentanen Handlungsimpulsen sofort und ohne weiteres Überlegen zu folgen. Das Merkmal der *Hyperaktivität* bezieht sich auf die Bewegungsstörungen, die als unkontrollierte, fehlorganisierte und oft überschießende (hyperkinetische) Aktivitäten deutlich werden und die Bezeichnung der gesamten Störung als HKS geprägt hat.

Das HKS ist eine der häufigsten Störungen bei Kindern und Jugendlichen

Epidemiologische Angaben zur Häufigkeit des HKS schwanken und hängen von den angewandten Diagnosekriterien und von den untersuchten Stichproben ab. Insgesamt muß von einer sehr hohen Prävalenzrate des HKS ausgegangen werden, die zwischen drei und 15 Prozent anzusiedeln ist (Barkley, 1990; Döpfner, 2000; Taylor, Sandberg & Thorley, 1991). Bei kinder- und jugendpsychiatrisch auffälligen Kindern zeigt sich sogar in 18,5 % der Fälle ein HKS (Döpfner, 2000). Generell sind Jungen häufiger betroffen als Mädchen, wobei auch hier die Angaben schwanken und zwischen einem Verhältnis von 3 : 1 und 9 : 1 angegeben werden (Döpfner, 2000).

Oft zeigt sich das HKS bereits im Kleinkindalter

Nicht selten lassen sich die ersten Anzeichen eines später diagnostizierten HKS bereits bei Säuglingen beobachten. Retrospektive Studien haben gezeigt, daß viele hyperaktive Kinder bereits unmittelbar nach der Geburt durch eine ausgeprägte motorische Unruhe, häufiges Schreien, Ein- und Durchschlafstörungen, einen unregelmäßigen Schlaf-Wach-Rhythmus, Ernährungsprobleme und heftige Reaktionen auf Umgebungsreize auffallen. Später zeigen die Kinder beim Spielen oft ein destruktives Verhalten und ihre motorische Unruhe fällt verstärkt auf. Die Kinder können sich kaum über längere Zeit allein oder mit einer Aufgabe beschäftigen, toben stattdessen herum und scheinen Risiken kaum einschätzen zu können; häufig kommt es in diesem Zusammenhang auch zu ersten Verletzungen durch Stürze und Unfälle. In der Vorschulzeit fallen hyperkinetische Kinder zusätzlich auch durch feinmotorische Ungeschicklichkeiten bei aufmerksamkeitsfordernden Aufgaben, so etwa beim Ausschneiden oder Malen, auf. Die Symptomatik verschärft sich weiter mit der Einschulung, da die betroffenen Kinder nicht stillsitzen und sich konzentrieren können (vgl. Döpfner, 2000). Auch Ermahnungen der Lehrer wirken meist nur für kurze Zeit. Die Kinder erledigen ihre Schularbeiten nicht oder nur unvollständig, wodurch es zu Konflikten einerseits zwischen Schule und Eltern und andererseits auch zwischen den Eltern und dem hyperkinetischen Kind kommt. Aufgrund des ständigen Konfliktpotentials im Klassenraum werden hypermotorische Kinder auch von ihren Mitschülern oft abgelehnt; sie sind sozial isoliert und reagieren dann häufig auf vereinzelte Kontaktaufnahmen abwehrend und aggressiv.

Im Schulalter erreicht das HKS meist seinen Höhepunkt

Empirische Studien kommen übereinstimmend zu dem Ergebnis, daß frühe hyperkinetische Störungen häufig über viele Jahre hinweg bis in die Grundschulzeit und darüber hinaus fortbestehen (Döpfner, 2000; McGee, Patridge, Williams & Silva, 1991). Ebenfalls übereinstimmend konnte gezeigt werden, daß die Dramatik des HKS mit Eintritt in das Schulalter einen vorläufigen Höhepunkt erreicht, da in dieser Zeit die Anforderungen an Aufmerksamkeit und Konzentrationsfähigkeit sprunghaft steigen und die betroffenen Kinder aufgrund ihrer spezifischen Symptome erhebliche Lern- und Leistungsstörungen und oft auch soziale Interaktionsstörungen aufweisen.

Nicht selten begünstigen diese Risikofaktoren auch dissoziale Verhaltensweisen und eine spätere delinquente Entwicklung (Scheithauer & Petermann, 2000). Insgesamt zeigen zwischen 40 und 70 % der hyperaktiven Kinder zusätzlich ein aggressives oder oppositionelles Trotzverhalten (Döpfner, 2000), das seinerseits eine delinquente Entwicklung im Jugendalter und kriminelle Verhaltensweisen sowie Drogenprobleme im Erwachsenenalter nachweislich begünstigt (Scheithauer & Petermann, 2000).

Komorbidität mit dissozialem und aggressivem Verhalten

Schon seit längerem wird ein Zusammenhang zwischen *neurologischen Störungen* und dem HKS vermutet. Die anfangs bevorzugte Hypothese, daß sich das HKS auf dem Boden einer sogenannten minimalen cerebralen Dysfunktion (MCD) als Folge prä-, peri- oder postnataler Komplikationen entwickelt, konnte allerdings aufgrund des zugrundeliegenden unscharfen Hirnschadenskonzeptes in dieser Form nicht bestätigt werden (vgl. Esser & Schmidt, 1987; Gaddes & Edgell, 1994). Dagegen konnten empirische neuropsychologische Untersuchungen zeigen, daß Kinder mit einem HKS Funktionsstörungen im Bereich des Frontalhirns aufweisen, die auf eine Minderdurchblutung des frontalen Cortex hindeuten (Rothenberger, 1995; 1996).

Neurologische Befunde zum HKS

Unterstützung erfährt die neuropsychologische Hypothese zur HKS-Genese auch durch ältere Untersuchungen, die zeigen konnten, daß insbesondere Mädchen mit einem HKS im Vergleich zu Jungen verstärkt kognitive Beeinträchtigungen, Sprachstörungen und neurologische Störungen aufweisen (DeHaas, 1986; Taylor et al., 1986). Zu den neuropsychologischen Studien zählen auch solche, die eine Störung im Neurotransmitterhaushalt für die Entstehung eines HKS verantwortlich machen; hier deuten neuere Untersuchungen an, daß bei hyperkinetischen Kindern nicht die selektive Störung eines Neurotransmittersystems, sondern ein unausgewogenes Verhältnis (Imbalance) des gesamten Neurotransmitterhaushaltes vorliegt (Zametkin & Rapoport, 1987; Greenhill, 1990).

Imbalancen im Neurotransmittersystem können eine Rolle spielen

Auch *Störungen des Immunsystems* wurden im Zusammenhang mit der Genese des HKS diskutiert und untersucht. Dabei konnte gezeigt werden, daß hyperaktive Kinder häufig auch Erkrankungen aus dem atopischen Formenkreis, zum Beispiel atopische Dermatitis, Asthma und Heuschnupfen, sowie allergische Reaktionen auf synthetische Nahrungsmittelzusätze, Milcheiweiß, Pollen, Hausstaub oder Lösungsmittel aufweisen (u. a. Egger, 1987; Klein, 1992). Allerdings sprach bei hyperkinetischen Kindern mit einem Verdacht auf eine Nahrungsmittelallergie lediglich ein geringer Anteil von etwa fünf Prozent minimal auf diätetische Maßnahmen an. Auch die Vermutung, daß eine allergische Reaktion auf Phosphat- oder Zuckerbestandteile der Nahrung ein HKS auslösen könne, ließ sich in empirischen Studien nicht bestätigen (vgl. zusammenfassend Döpfner, 2000).

Allergien spielen offenbar keine entscheidende Rolle

Eine Verbindung zu neuropsychologischen Erklärungsmodellen des HKS läßt sich jedoch in der Hypothese sehen, daß allergische Reaktionen eine Imbalance in den cholinergen und adrenergen Neurotransmittersystemen auslösen, die ihrerseits auch zu hyperkinetischen Störungen führen können (Marshall, 1989). So konnte in neuroimmunologischen Studien gezeigt werden, daß sich bei Kindern mit einem HKS eine gesteigerte Aktivität von Immunzellen nachweisen ließ, die zudem mit charakteristischen neuropsychologischen Merkmalen, etwa einer erhöhten *Streuung* der Reaktionslatenzen bei Reaktionszeitmessungen, korrelierten (Ansorge et al., 1998). Generell scheint für das HKS eine Imbalance katecholaminerger Transmittersysteme, und hier insbesondere ein Mangel an Noradrenalin (NA), charakteristisch zu sein, zumal bekannt ist, daß NA entscheidend *Aufmerksamkeitsfunktionen* und zentralnervöse Hemmungsprozesse (Inhibition) beeinflußt (Rockstroh, 1993).

HKS und cerbrale Dysfunktion

Eine neuropsychologische Erklärung kognitiver Defizite bei Kindern mit einem HKS betont als zugrundliegende neuropsychologische Beeinträchtigung *Störungen basaler Prozesse der Verhaltenskontrolle*, die ihrerseits kognitiv-behaviorale Konsequenzen zur Folge haben. Bemerkenswerterweise stimmen diese Überlegungen mit neueren Ergebnissen aus neuropsychologischen Studien überein, die eine cerebrale Dysfunktion im Bereich des Frontalhirns als grundlegende Störung des HKS nachweisen konnten (Rothenberger, 1995, 1996).

Aufmerksamkeitsstörungen bei hochbegabten Kindern

Auch bei *hochbegabten* Kindern werden Aufmerksamkeitsstörungen als ein besonders häufig auftretendes, oft sogar als das zuerst bemerkte Problem beobachtet. In einem Forschungsprojekt der Universität Münster wurden Berater der Deutschen Gesellschaft für das hochbegabte Kind e.V. (DGhK) gebeten, über mehrere Monate ihre Beratungsgespräche zu protokollieren und es wurden die ratsuchenden Eltern zu den vordringlichen Anlässen für die Beratung schriftlich befragt. Dabei zeigte sich aus den über 500 Protokollen der Beratungsgespräche, daß in ca. 10 % Aufmerksamkeitsstörungen des hochbegabten Kindes ein Beratungsthema waren. Hiervon waren Jungen (12 %) signifikant häufiger betroffen als Mädchen (4 %). In etwa 4 % aller Fälle wurde von Seiten der Eltern oder der Berater explizit das Vorliegen einer Aufmerksamkeits-/Hyperaktivitätsstörung angenommen. Von den über 300 schriftlich befragten Eltern gaben 39 % für ihre hochbegabten Söhne und 25 % für ihre hochbegabten Töchter an, daß sie unter Aufmerksamkeitsstörungen leiden würden. Knapp ein Viertel (24 %) aller Eltern berichteten zusätzlich auch über hyperaktives Verhalten, wobei sich hierbei keine signifikanten Unterschiede zwischen Jungen und Mädchen zeigten.

Zusammenhang von Aufmerksamkeitsstörungen und Hochbegabung

Vergleicht man diese hohen Zahlen bei hochbegabten Kindern mit dem wissenschaftlich gesicherten Vorkommen einer klinisch relevanten Aufmerksamkeits-/Hyperaktivitätsstörung bei 3 bis 5% aller Grundschulkinder, so entsteht der Eindruck, daß Aufmerksamkeitsstörungen bei hochbegabten Kindern um ein mehrfaches häufiger vorkommen als bei anderen Kindern. Diese Vermutung eines Zusammenhangs zwischen Hochbegabung und Aufmerksamkeitsstörungen ist jedoch wissenschaftlich nicht haltbar. Für den von betroffenen Eltern jedoch weit häufiger angegebenen Zusammenhang sehen Wittmann und Holling (im Druck) vor allem zwei Ursachen:

- Hochbegabte Kinder sind im Schulunterricht oft unterfordert und daher gelangweilt und überbrücken diese Phasen durch motorische Unruhe. Hierbei handelt es sich aber nicht um ein hyperaktives Verhalten im klinischen Sinne, sondern um ein für diese Kinder situationsbezogen nachvollziehbares Verhalten.
- Manche Eltern deuten die Aufmerksamkeitsstörungen ihrer Kinder zu Unrecht und im Sinne eines „wishful thinking" als Ausdruck einer angenommenen Hochbegabung. In vielen Fällen kann die psychologische Untersuchung jedoch eine Hochbegabung nicht bestätigen; bei diesen Kindern liegt häufig eine Aufmerksamkeits-/Hyperaktivitätsstörung vor.

Aufmerksamkeitsstörungen nach Hirnschädigungen

Bei Patienten mit *erworbenen Hirnschädigungen*, vor allem nach Schädel-Hirn-Traumen und Schlaganfällen, gehören Aufmerksamkeitsstörungen neben Gedächtnisstörungen zu den häufigsten und am längsten überdauernden neuropsychologischen Beeinträchtigungen (vgl. den Überblick bei Sturm & Zimmermann, 2000). Hierbei scheint die Schwere der Aufmerksamkeitsstörung in keinem direkten Zusammenhang mit der Schwere der Hirnverletzung zu stehen, das heißt, daß auch nach vergleichsweise geringfügig erscheinenden Traumen oder anderen neurologischen Erkrankungen mit gravierenden und langandauernden Aufmerksamkeitsstörungen zu rechnen ist.

Kinder mit Hirnfunktionsstörungen

Auch bei *Kindern mit angeborenen oder erworbenen Hirnfunktionsstörungen* kommen Aufmerksamkeitsstörungen neben Merkfähigkeitsstörungen besonders häufig vor (vgl. Heubrock & Petermann, 2000). Für eine ambulante kinderneuropsychologische Stichprobe konnten wir zeigen, daß Aufmerksamkeitsstörungen bei etwa 20 % der Kinder auftreten und vor allem durch eine erhöhte Fehlerquote bei Anforderungen an

Störungen der geteilten Aufmerksamkeit und des schnellen Entscheidens

- die geteilte Aufmerksamkeit und
- schnelle und flexible Entscheidungsprozesse

zum Ausdruck kommen (Heubrock & Petermann, 2001; Heubrock, Petermann & Brinkmeier, 2001). Kinder mit Hirnfunktionsstörungen sind somit, wie erwachsene neurologische Patienten, einem erhöhten Risiko ausgesetzt, unter Alltagsbedingungen durch eine schwankende und zum Teil fehlerbelastete Aufmerksamkeitsleistung aufzufallen.

Auch hier verdeutlichen die Ergebnisse, daß Kinder mit Teilleistungsstörungen in der Gruppe aufmerksamkeitsgestörter Kinder am häufigsten vertreten sind. Kinder mit *Verhaltensstörungen* zeigen erwartungsgemäß häufiger Aufmerksamkeits- als Merkfähigkeitsstörungen. Dies wird durch die Schulsituation von Kindern mit Aufmerksamkeitsstörungen leicht nachvollziehbar: Die Aufmerksamkeitsteilung, das heißt das gleichzeitige Beachten visueller und akustischer Umgebungsreize, stellt eine schul- und alltagstypische Anforderung dar, die beispielsweise im Unterricht im simultanen Zuhören der Erklärungen eines Lehrers, der an der Tafel eine Skizze entwirft, deutlich wird. Bei der geteilten und fokussierten Aufmerksamkeit handelt es sich also um eine grundlegende *Stützfunktion*, die vom Kind zusätzlich zu den einzelnen kognitiven Leistungen (z. B. Lesen, Schreiben, Rechnen, Zeichnen) aufgebracht werden muß.

Aufmerksamkeit als Stützfunktion

Diese Bedeutung von Aufmerksamkeitsleistungen als Stützfunktionen muß auch die neuropsychologische Therapie berücksichtigen. Verschiedene Aspekte und Ergebnisse eines Interventionsprogramms zur gezielten Förderung der geteilten und fokussierten Aufmerksamkeit bei Schulkindern mit Hirnfunktionsstörungen wurden von Harden et al. (1999) sowie von Muth, Heubrock und Petermann (1999) vorgestellt (vgl. zusammenfassend Heubrock & Petermann, 2000).

2.2 Aufmerksamkeitsstörungen im Alter

Aufmerksamkeit bei älteren Menschen

Unser Wissen über die Auswirkungen des normalen *Alterungsprozesses* auf die Physiologie des Gehirns ist zwar noch äußerst lückenhaft, es sind jedoch bereits einige strukturelle Veränderungen, die in der zweiten Lebenshälfte auftreten, bekannt. Hierzu zählen neben einem Volumen- und Gewichtsverlust unter anderem der Verlust von Nervenzellen (Neuronen) und zahlreiche Veränderungen innerhalb der Neuronen (Ivy, MacLeod, Petit & Markus, 1992; La Rue, 1992; Nussbaum, 1998). Diese im Laufe des gesunden Alterungsprozesses eintretenden Veränderungen ähneln den Prozessen, die bei degenerativen Erkrankungen (z. B. Morbus Alzheimer) auftreten, so daß eine Unterscheidung normaler und pathologischer Veränderungen im Alter nicht immer leicht ist. Neben einer zunehmenden psychomotorischen Verlangsamung konnte in manchen Untersuchungen auch eine Veränderung der Intelligenzleistungen im Alter nachgewiesen werden. Hiervon waren allerdings nicht alle Intelligenzleistungen in gleicher Weise betroffen. Intelligenzleistungen, die sich auf erlerntes Wissen, das heißt vor allem die sogenannte kristalline Intelligenz, bezogen, waren weniger altersanfällig als Leistungen, die sich auf eher sprach- und erfahrungsunabhängige Leistungen der Informationsverarbeitung bezogen.

Die Komplexität entscheidet

Auch in Bezug auf altersbedingte Veränderungen von Aufmerksamkeitsleistungen zeichnet sich derzeit ein differenziertes Bild ab. Für einfache Aufgaben zur *Vigilanz* und zur *selektiven Aufmerksamkeit* ließen sich insgesamt keine altersbedingten Leistungsunterschiede finden (vgl. zusammenfassend Kessler & Kalbe, 2000; McDowd & Birren, 1990; Kausler, 1991). Unter einfachen Aufgabenstellungen werden hierbei anspruchslose sensorische Überwachungsaufgaben oder Signalentdeckungsaufgaben ohne komplexere Suchbedingung verstanden. Bei Vigilanzaufgaben mit zusätzlichen Anforderungen zeigten sich dagegen altersabhängige Leistungsunterschiede bei den Probanden. Auch im Bereich der selektiven Aufmerksamkeit wurden Altersunterschiede zwischen älteren und jüngeren Versuchspersonen festgestellt, wenn die Probanden sowohl relevante als auch irrelevante Reize beachten und verarbeiten mußten, um die jeweilige Aufgabe erfolgreich zu lösen. Ähnliches gilt auch für die Leistungen zur *geteilten Aufmerksamkeit*. So zeigten sich bei einfachen Signalentdeckungsaufgaben keine Unterschiede in der Leistung jüngerer und älterer Probanden, während es bei komplexeren Anforderungen zu Altersunterschieden kam. Hierbei ist allerdings zu beachten, daß einige dieser komplexeren Aufgaben nicht nur die geteilte Aufmerksamkeit erfaßten, sondern auch Gedächtniskomponenten enthielten, so daß eine Abgrenzung oft schwerfällt. Zu berücksichtigen ist auch, daß manche Aufgaben sehr ungewöhnliche und abstrakte Anforderungen stellten, die für ältere Menschen aufgrund fehlender Erfahrung möglicherweise generell schwerer zu bewältigen sein könnten (La Rue, 1992).

Zusätzliche kognitive Anforderungen belasten die Aufmerksamkeit im Alter

Gründe für einen Altersabbau der Aufmerksamkeit

Zur Erklärung der bisher gefundenen altersbedingten Leistungsunterschiede in verschiedenen Parametern der Aufmerksamkeit lassen sich unterschiedliche Ansätze heranziehen. Die Unterschiede könnten auf

- eine generelle Abnahme der Aufmerksamkeitsressourcen (Plude & Hoyer, 1981; Plude, Hoyer & Lazar, 1982),
- unterschiedliche Strategien bei der Bewältigung von Aufmerksamkeitsanforderungen bei älteren und jüngeren Probanden (Rabbitt, 1977),
- eine Verschlechterung der Wahrnehmungsleistungen (Kausler, 1991; Plude & Hoyer, 1986),
- eine generelle Abnahme einer für alle Bereiche gleichermaßen geltenden Informationsverarbeitungsfähigkeit (Crossley & Hiscock, 1992) oder
- eine allgemeine Verlangsamung in der Durchführung elementarer Operationen (Cerella, 1990; Salthouse, Fristoe, Lineweaver & Coon, 1995)

Neuroanatomische Korrelate nachlassender Aufmerksamkeit

zurückzuführen sein. Für einen Zusammenhang zwischen den gefundenen altersbedingten Leistungsveränderungen der Aufmerksamkeit und zugrundeliegenden neuroanatomischen Prozessen spricht allerdings, daß vom gesunden Alterungsprozeß Hirnregionen besonders betroffen sind, deren Bedeutung für verschiedene Aufmerksamkeitskomponenten und deren Beteiligung an zugehörigen Fehlleistungen der Aufmerksamkeit bekannt ist (vgl. Neumann, 1996b). Dies sind vor allem

- der Hippocampus,
- präfrontale Anteile der Hirnrinde,
- die weiße und die graue Substanz und
- das Corpus callosum (vgl. Nussbaum, 1998).

Vor allem für das Frontalhirn und für das Corpus callosum konnte gezeigt werden, daß sich Funktionsstörungen in diesen Hirnstrukturen in Form von Störungen der *Verhaltenshemmung* und der *Handlungsplanung* auswirken (siehe hierzu Kapitel 1.2).

Das Behalten fällt im Alter schwerer – Gedächtnis oder Aufmerksamkeit?

Eine von älteren Menschen immer wieder beklagte Alterserscheinung wird in einem Nachlassen der Behaltensleistung für neue Informationen gesehen (Ponds, van Boxtel & Jolles, 2000). Diese scheint sich auf gehörte Informationen (Nachrichten im Radio, Gespräche mit Nachbarn und Verwandten) stärker auszuwirken als auf visuell wahrgenommene Informationen. Zwar wird das damit verbundene Problem von den Betroffenen und ihren Angehörigen selbst zumeist als „Gedächtnisstörung" erlebt, es gibt jedoch zahlreiche Hinweise darauf, daß es sich tatsächlich um ein Problem der *auditiven Aufmerksamkeit* handelt. Zugleich wird hier deutlich, daß Aufmerksamkeitsleistungen als basale Stützfunktionen nicht immer exakt von den zugehörigen kognitiven Anforderungen und Wahrnehmungsinhalten zu trennen sind. Als weitere, sowohl theoretisch als auch klinisch interessante Frage ist in diesem Zusammenhang das Verhältnis von auditiver Aufmerksamkeit und Arbeitsgedächtnis zu bestimmen, da sich hieraus Konsequenzen für die Auswahl geeigneter Testverfahren für ältere Menschen ergeben.

Im Alter läßt die Sprachwahrnehmung nach

Als gesichert kann gelten, daß sich die Fähigkeit zur Sprachwahrnehmung mit einer Zunahme des Lebensalters drastisch verschlechtert, das heißt bei älteren Menschen steigt die Hörschwelle an (es muß lauter gesprochen werden) und die Anzahl richtig gehörter Wörter nimmt ab (es muß langsamer und deutlicher gesprochen werden) (vgl. Helfer & Wilber, 1990; Hawkins & Presson, 1986; Tun, Wingfield, Stine & Mecsas, 1992). Als besonderes Problem erweist sich die mit zunehmendem Alter ebenfalls ansteigende Empfindlichkeit gegenüber Umgebungsgeräuschen (Schneider, 1997; Tun, 1998). Untersuchungen an älteren Menschen mit normaler Hörleistung weisen darauf hin, daß Verschlechterungen der Sprachwahrnehmung (als Vorstufe zum Behalten gehörter Informationen) insgesamt eher auf zentrale Veränderungen zurückzuführen sind, zu denen vor allem eine

- Verlangsamung der cerebralen Informationsverarbeitung,
- Verlangsamung kognitiver Prozesse,
- Verschlechterung der selektiven Aufmerksamkeit und
- verminderte Leistung des Arbeitsgedächtnisses

gezählt werden.

Störungen der selektiven Aufmerksamkeit

Eine altersbedingte Abnahme der selektiven Aufmerksamkeit konnte in Untersuchungen bestätigt werden, die gezeigt haben, daß ältere Menschen

- die räumliche Anordnung von Geräuschquellen schlechter zur Informationsselektion nutzen (Schneider, 1997; Warren, Wagner & Herman, 1978) und

Kasten 4
Untersuchungen zur räumlichen Lokalisation von Geräuschquellen

Um die räumliche Lokalisation der Quelle eines Signals zu berechnen, werden Differenzen in Intensität und benötigter Verarbeitungsszeit zwischen Tönen oder Geräuschen herangezogen, die gleichzeitig auf beide Ohren eingespielt werden. Warren, Wagner und Herman (1978) ermittelten für Probandengruppen unterschiedlichen Alters zunächst die individuelle Sprachwahrnehmungsschwelle. Dann wurde die Fähigkeit, in Hintergrundgespräche eingebettete Zielreize zu identifizieren, unter dichotischen (unterschiedliche Geräusche für beide Ohren) und diotischen (das gleiche Geräusch für beide Ohren) Bedingungen geprüft. Als Zielreize wurden geläufige einsilbige Wörter verwandt. Für die dichotische Darbietung wurde über Kopfhörer der Eindruck vermittelt, daß die Zielwörter direkt vor der Körpermitte und das ablenkende Hintergrundgespräch sowohl rechts als auch links gesprochen wurde. Zudem wurden die Zielwörter zuerst in der Lautstärke der Sprachwahrnehmungsschwelle und dann zunehmend leiser werdend präsentiert.

Ältere Menschen identifizierten sowohl unter dichotischen als auch unter diotischen Bedingungen deutlich weniger Zielwörter. Ihnen gelang also die Selektion der Zielwörter aus den Ablenkungsgeräuschen wesentlich schlechter. Wurde zudem die Reduktion der Lautstärke berücksichtigt, so fiel es den älteren Menschen bereits bei geringer Unterschreitung des Schwellenwertes deutlich schwerer, die Zielwörter richtig zu benennen. Es stellte sich auch heraus, daß ältere Menschen Wahrnehmungsunterschiede zwischen beiden Ohren schlechter zur Selektion nutzen konnten als jüngere Probanden. Ältere Menschen hatten somit mehr Schwierigkeiten, die räumliche Position von Geräuschquellen zur Selektion heranzuziehen.

– durch auditive Störreize generell stärker abgelenkt werden (Kline & Burdick, 1980; Tun, 1998; vgl. hierzu Kasten 4).

Störungen des Arbeitsgedächtnisses bei älteren Menschen

Altersbedingte Probleme bei der Verarbeitung gehörter sprachlicher Informationen werden auch mit Störungen des *Arbeitsgedächtnisses* in Verbindung gebracht (Gold, 1995; Grube, Hasselhorn & Weiss, 1998). Beim Arbeitsgedächtnis handelt es sich nicht, wie die Bezeichnung mißverständlich nahelegt, um eine ausschließliche Gedächtniskomponente, sondern um eine komplexe Funktion an der Schnittstelle von *Aufmerksamkeit*, Gedächtnis und exekutiver Kontrolle, die das *gleichzeitige*
– *Lösen einer kognitiven Aufgabe* und
– das *kurzfristige* Behalten der hierzu erforderlichen Informationen

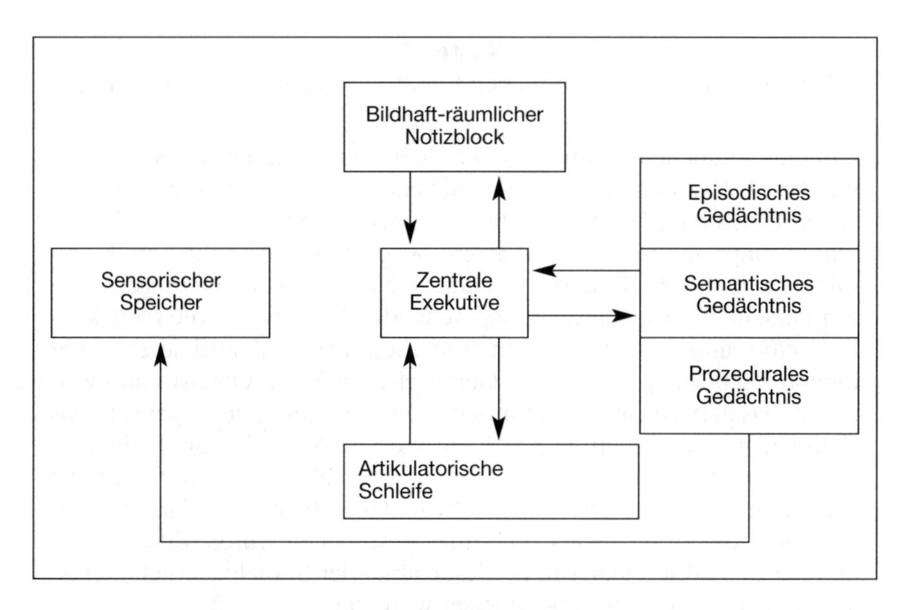

Abbildung 5
Schematische Darstellung des Arbeitgedächtnisses

beinhaltet (Craik & Jennings, 1992; Gathercole & Baddeley, 1993; Grön, 1997; siehe hierzu auch Abb. 5).

Bei Doppelaufgaben ist das Arbeitsgedächtnis besonders gefordert

Typische Aufgaben, denen eine Beteiligung des Arbeitsgedächtnisses zugeschrieben wird, sind Doppelaufgaben wie das Lösen einer Kopfrechenaufgabe. Hierbei ist zum einen die Aufgabe und der Lösungsweg im Auge zu behalten (kognitive Aufgabe), während zwischenzeitlich immer wieder Zwischenergebnisse kurzzeitig gespeichert werden müssen (Behalten). Die eigentliche Schnittstelle zwischen Gedächtnis und Aufmerksamkeit wird durch die „zentrale Exekutive" gebildet: „It must be attended to be remembered" (Plude & Murphy, 1992, p. 242).

Das Arbeitsgedächtnis unterstützt das Sprachverständnis

Die gleichzeitige Verarbeitungs- und Speicherfunktion des Arbeitsgedächtnisses erweist sich beim Sprachverständnis als besonders bedeutsam, da beim Zuhören sowohl der aktuelle Gesprächsinhalt als auch vorausgegangene Informationen präsent sein müssen (Stolzfus, Hasher & Zacks, 1996). So kann ein Wort oder eine Formulierung mehrere Bedeutungen besitzen, die erst im Zusammenhang des ganzen Satzes sowie der vorausgegangenen oder der nachfolgenden Sätze verständlich werden. Zugleich muß natürlich auch die syntaktische Struktur der Sätze aufmerksam beachtet werden. Altersbedingte Einbußen betreffen vor allem solche Sprachverständnisfunktionen, die einen direkten Bezug zum Arbeitsgedächtnis haben (Parkin, 2000). So scheint es älteren Menschen schwer zu fallen, während eines Gesprächs blitzschnell und flexibel zwischen wichtigen und unwichtigen Informationen zu unterscheiden und unwichtige Elemente zu unterdrücken (selektive Aufmerksamkeit; vgl. hierzu Martin & Ewert, 1997). Außerdem scheint bei ihnen die unmittelbare, durch Aufmerksamkeitsprozesse beeinflußte Aufmerksamkeitsspanne und die Geschwindigkeit des schnellen inneren Wiederholens (Rehearsal) ebenso abzunehmen (Grube, Hasselhorn & Weiss, 1998; Hasselhorn, 1990) wie die Fähigkeit, Informationen innerhalb des Arbeitsgedächtnisses zu manipulieren (Tun, Wingfield & Stine, 1991).

Zusammengefaßt sprechen viele Befunde zur altersbedingten Abnahme von spezifischen Aufmerksamkeitsleistungen dafür, diese auch in der Diagnostik älterer Menschen gezielt zu erfassen, um hieraus ebenso gezielte Förderprogramme zu entwickeln.

3 Diagnostik gestörter Aufmerksamkeit

3.1 Klassifikationsmodelle von Aufmerksamkeitsstörungen

DSM-IV und ICD-10

Aufmerksamkeitsstörungen lassen sich, wie andere psychische Störungen auch, in den beiden hierzulande gebräuchlichen klinischen Klassifikationssystemen DSM-IV (dt. Sass, Wittchen & Zaudig, 1996) und ICD-10 (WHO, 1991) einordnen. Im DSM-IV werden sie als „Aufmerksamkeitsdefizit-/Hyperaktivitätsstörung" unter der Rubrik „Aufmerksamkeitsdefizit- und Soziale Verhaltensstörungen", im ICD-10 als „hyperkinetische Störung des Sozialverhaltens" oder als „einfache Aktivitäts- und Aufmerksamkeitsstörung" unter den „Verhaltens- und Erlebensstörungen" erfaßt. Beiden Klassifikationssystemen ist gemeinsam, daß sie

- einen frühen Beginn von Aufmerksamkeitsstörungen im Kindes- und Jugendalter annehmen,
- Zuordnungs- und Ausschlußkriterien formulieren und
- eine weitere Differenzierung in Subgruppen vornehmen (vgl. Schlottke & Lauth, 1996).

Gemeinsame Diagnosekriterien von DSM-IV und ICD-10

Als gemeinsame *Diagnosekriterien* legen DSM-IV und ICD-10 fest, daß

- die Symptome mindestens sechs Monate lang und in einem für den Entwicklungsstand untypischen Ausmaß bestehen,
- die gesamte Störung oder Symptome der Störung vor einem Alter von sieben Jahren auftreten und
- sich in zwei oder mehr verschiedenen Lebensbereichen (z. B. zu Hause und in der Schule) auswirken sowie
- zu deutlichen und klinisch relevanten Beeinträchtigungen in verschiedenen Lebensbereichen führen müssen (Döpfner, 2000).

Gemeinsame Ausschlußkriterien von DSM-IV und ICD-10

Als gemeinsame *Ausschlußkriterien* wird nach DSM-IV und ICD-10 gefordert, daß

- keine tiefgreifende Entwicklungsstörung und keine Schizophrenie oder eine andere psychotische Störung sowie
- keine depressive oder Angststörung (ICD-10) beziehungsweise keine psychische Störung vorliegen darf, durch die die hyperkinetischen Symptome besser erklärt werden können (DSM-IV).

Diagnosekriterien des DSM-IV

Im DSM-IV wird bereits durch die Diagnose „Aufmerksamkeitsdefizit-/Hyperaktivitätsstörung" ausgedrückt, daß die Störung durch die beiden Hauptmerkmale „Unaufmerksamkeit" und/oder „Hyperaktivität" geprägt sein kann. Demnach lassen sich verschiedene Unterformen unterscheiden, die anhand beobachtbarer Verhaltensweisen zugeordnet werden (siehe Kasten 5).

Kasten 5

Diagnosekriterien im DSM-IV

Diagnostische Kriterien der Störung mit den Merkmalen Aufmerksamkeitsdefizit/Hyperaktivität

A. Entweder Punkt 1) oder Punkt 2) müssen zutreffen:

(1) sechs (oder mehr) der folgenden Symptome von Unaufmerksamkeit müssen während der letzten sechs Monate beständig in einem mit dem Entwicklungsstand des Kindes nicht zu vereinbarenden und unangemessenen Ausmaß vorhanden sein.

Unaufmerksamkeit

Der Betroffene

(a) kann oftmals seine Aufmerksamkeit nicht auf Details richten oder macht Flüchtigkeitsfehler bei den Schulaufgaben, bei Hausaufgaben oder anderen Aktivitäten

(b) hat oft Schwierigkeiten, längere Zeit die Aufmerksamkeit bei Aufgaben oder Spielaktivitäten aufrechtzuerhalten

(c) scheint oft nicht zuzuhören, wenn andere ihn ansprechen

(d) führt häufig Anweisungen anderer nicht vollständig durch und kann Schularbeiten, andere Arbeiten oder Pflichten am Arbeitsplatz nicht zu Ende bringen (nicht aufgrund oppositionellen Verhaltens oder von Verständnisschwierigkeiten)

(e) hat häufig Schwierigkeiten, Aufgaben und Aktivitäten zu organisieren

(f) vermeidet häufig, hat eine Abneigung gegen oder beschäftigt sich häufig nur widerwillig mit Aufgaben, die längerandauernde geistige Anstrengungen erfordern (wie Mitarbeit im Unterricht oder Hausaufgaben)

(g) verliert häufig Gegenstände, die er für Aufgaben oder Aktivitäten benötigt (z.B. Spielsachen, Hausaufgabenhefte, Stifte, Bücher oder Werkzeug)

(h) läßt sich öfter durch äußere Reize ablenken

(i) ist bei Alltagstätigkeiten häufig vergeßlich

(2) sechs (oder mehr) der folgenden Symptome von Hyperaktivität und Impulsivität sind während der letzten sechs Monate beständig in einem mit dem Entwicklungsstand des Kindes nicht zu vereinbarenden und unangemessenen Ausmaß vorhanden:

Hyperaktivität

(a) zappelt häufig mit Händen und Füßen oder rutscht auf dem Stuhl herum
(b) steht in der Klasse oder in anderen Situationen, in denen Sitzenbleiben erwartet wird, häufig auf
(c) rennt häufig umher oder klettert exzessiv in Situationen, in denen dies unpassend ist (bei Jugendlichen oder Erwachsenen kann dies auf ein subjektives Unruhegefühl beschränkt bleiben)
d) hat häufig Schwierigkeiten, ruhig zu spielen oder sich mit Freizeitaktivitäten zu beschäftigen
(e) ist häufig „auf Achse“ oder handelt oftmals, als wäre er „getrieben“
(f) redet häufig übermäßig viel

Impulsivität

(g) platzt häufig mit den Antworten heraus bevor die Frage zu Ende gestellt ist
(h) kann nur schwer warten, bis er an der Reihe ist
(i) unterbricht und stört andere häufig (platzt z.B. in Gespräche oder Spiele anderer hinein)

B. Einige Symptome der Hyperaktivität-Impulsivität oder Unaufmerksamkeit, die Beeinträchtigungen verursachen, treten bereits vor dem Alter von sieben Jahren auf.

C. Beeinträchtigungen durch diese Symptome zeigen sich in zwei oder mehreren Bereichen (z.B. in der Schule, bei der Arbeit und zu Hause).

D. Es müssen deutliche Hinweise auf eine klinisch bedeutsame Beeinträchtigung des sozialen und/oder schulischen Verhaltens oder bei anderen Aktivitäten vorhanden sein.

E. Die Symptome treten nicht ausschließlich im Verlauf einer tiefgreifenden Entwicklungsstörung, Schizophrenie oder einer anderen psychotischen Störung auf und werden auch nicht besser durch eine andere Störung beschrieben (z.B. Affektive Störung, Angststörung, Dissoziative Störung oder eine Persönlichkeitsstörung).

Unterformen im DSM-IV

Da das DSM-IV zwischen Unaufmerksamkeit und Hyperaktivität/Impulsivität als zwei verschiedene Verhaltensausprägungen unterscheidet, lassen sich verschiedene Unterformen der Aufmerksamkeitsdefizit-/Hyperaktivitätsstörung identifizieren (siehe auch Abbildung 6):

- beim Mischtyp (314.01) treten beide Verhaltensmerkmale, also sowohl Unaufmerksamkeit als auch Hyperaktivität/Impulsivität, in klinisch bedeutsamem Ausmaß auf;
- bei vorherrschender Unaufmerksamkeit (314.00) kommt es nur zu den in Kasten 5 unter „Unaufmerksamkeit" beschriebenen Verhaltensweisen, während Hyperaktivität/Impulsivität nicht klinisch bedeutsam erhöht vorkommt;
- bei vorherrschender Hyperaktivität/Impulsivität (314.00) lassen sich vor allem die in Kasten 5 unter „Hyperaktivität und Impulsivität" beschriebenen Verhaltensweisen beobachten, während Merkmale von Unaufmerksamkeit allenfalls klinisch unbedeutsam auftreten.

Diagnoseschema nach DSM-IV

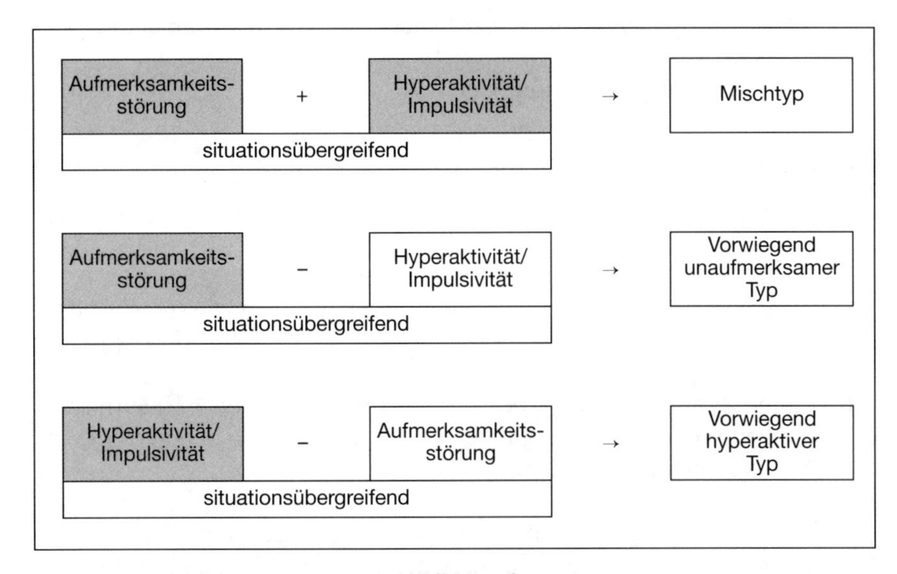

Abbildung 6
Diagnoseschema einer Aufmerksamkeitsdefizit-/Hyperaktivitätsstörung nach DSM-IV (nach Döpfner, 2000, S. 155)

Weitere Aufmerksamkeitsstörungen im DSM-IV

Als weitere Aufmerksamkeitsstörungen, die nicht oder nicht vollständig die Diagnosekriterien der Aufmerksamkeitsdefizit-/Hyperaktivitätsstörung erfüllen, lassen sich im DSM-IV zwei weitere Zuordnungen vornehmen:

- Die Aufmerksamkeitsdefizit-/Hyperaktivitätsstörung in partieller Remission kann für Jugendliche und Erwachsene zutreffen, die einige Symptome der Aufmerksamkeitsdefizit-/Hyperaktivitätsstörung zeigen;

- Die nicht näher bezeichnete Aufmerksamkeitsdefizit-/Hyperaktivitätsstörung wird kodiert, wenn ausgeprägte Symptome der Aufmerksamkeitsdefizit-/Hyperaktivitätsstörung beobachtbar sind.

Forschungskriterien des ICD-10

Auch im ICD-10 wird zwischen Unaufmerksamkeit und Überaktivität als zwei verschiedenen Verhaltensausprägungen des Störungsbildes unterschieden; anders als im DSM-IV müssen jedoch sowohl Merkmale der Aufmerksamkeitsstörung als auch Symptomkriterien der Überaktivität und Impulsivität erfüllt sein (siehe Kasten 6).

Kasten 6

Forschungskriterien des ICD-10 (nach Schlottke & Lauth, 1996, S. 87)

G1. **Unaufmerksamkeit**. Mindestens sechs Monate lang mindestens sechs der folgenden Symptome von Unaufmerksamkeit in einem mit dem Entwicklungsalter des Kindes nicht zu vereinbarenden und unangemessenen Ausmaß (Auswahl an Indikatoren):

1. Unaufmerksam gegenüber Details oder Sorgfaltsfehler,
2. Aufmerksamkeit kann bei Aufgaben oder bei Spielen häufig nicht aufrechterhalten werden,
3. hören scheinbar nicht, was ihnen gesagt wird,
4. können oft Erklärungen nicht folgen,
5. können häufig Aufgaben und Aktivitäten nicht organisieren,
6. vermeiden ungeliebte Arbeiten,
7. verlieren häufig Gegenstände,
8. werden häufig von externen Reizen abgelenkt,
9. sind im Verlauf alltäglicher Verrichtungen oft vergeßlich.

G2. **Überaktivität**. Mindestens sechs Monate lang mindestens drei der folgenden Symptome von Überaktivität in einem mit dem Entwicklungsstand des Kindes nicht zu vereinbarenden und unangemessenen Ausmaß (Auswahl an Indikatoren):

10. herumfuchteln mit Händen und Füßen,
11. Platz im Klassenraum verlassen,
12. in unpassenden Situationen herumlaufen oder extensiv klettern,
13. beim Spielen unnötig laut sein,
14. trotz sozialer Einflußnahme ein anhaltendes Muster extensiver motorischer Unruhe an den Tag legen.

G3. **Impulsivität**. Mindestens sechs Monate lang mindestens eines der folgenden Symptome von Impulsivität in einem mit dem Entwicklungsstand des Kindes nicht zu vereinbarenden und unangemessenen Ausmaß (Auswahl an Indikatoren):

15. häufig mit der Antwort herausplatzen,
16. nicht warten können, bis sie an der Reihe sind,
17. andere häufig unterbrechen und stören,
18. reden häufig exzessiv.

G4. Beginn vor dem siebten Lebensjahr.

G5. **Symptomausprägung**. Die Kriterien sollten in mehr als einer Situation erfüllt sein (der Nachweis situationsübergreifender Symptome erfordert normalerweise Informationen von verschiedenen Bezugspersonen und Datenquellen, Eltern, Lehrer, Schule).

G6. Die Symptome in G1-G3 verursachen ein deutliches Leiden oder Beeinträchtigungen der sozialen, schulischen oder beruflichen Funktionsfähigkeit.

G7. Die Störung erfüllt nicht die Kriterien für eine tiefgreifende Entwicklungsstörung (F84), diejenigen für eine manische Störung (F30), eine depressive Störung (F32) oder eine Angststörung (F41) sind nicht erfüllt.

Unterformen in der ICD-10

Auch nach ICD-10 lassen sich verschiedene Unterformen der hyperkinetischen Störung unterscheiden (siehe auch Abb. 7):
- Bei der *einfachen Aktivitäts- und Aufmerksamkeitsstörung* (F 90.0) müssen die Kriterien einer hyperkinetischen Störung erfüllt sein, ohne daß die Merkmale einer Störung des Sozialverhaltens zutreffen.

Diagnoseschema nach ICD-10

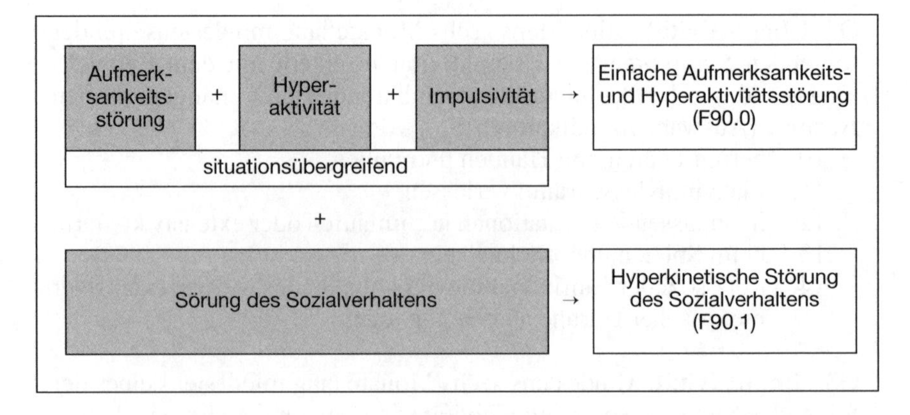

Abbildung 7
Diagnoseschema einer hyperkinetischen Störung nach ICD-10
(nach Döpfner, 2000, S. 155)

- Bei der *Hyperkinetischen Störung des Sozialverhaltens* (F90.1) treffen neben den Kriterien für die hyperkinetische Störung auch die Merkmale einer Störung des Sozialverhaltens zu.
- Die *sonstige hyperkinetische Störung* (F90.8) als Restkategorie, und
- die *nicht näher bezeichnete hyperkinetische Störung* (F90.9), bei der die Merkmale der einfachen Aktivitäts- und Aufmerksamkeitsstörung (F90.0) erfüllt sein müssen, ohne daß diese sich gegenüber der Hyperkinetischen Störung des Sozialverhaltens (F90.1) eindeutig abgrenzen läßt.

3.2 Ebenen der Diagnostik

Diagnostische Strategie: Hinweise in den Forschungskriterien zum HKS und in amerikanischen Behandlungsstandards

Die Diagnose- und Ausschlußkriterien des DSM-IV und der ICD-10 geben zwar die in Frage kommenden klinischen Auffälligkeiten bei Aufmerksamkeitsstörungen an, es wird jedoch keine verbindliche diagnostische Strategie vorgeschrieben, mit der die Auffälligkeiten verifiziert oder falsifiziert werden sollen. Hinweise zur Diagnostik bei Kindern und Jugendlichen sind in den Forschungskriterien für Hyperkinetische Störungen (Schlottke & Lauth, 1996) sowie in den Behandlungsstandards der American Academy of Child and Adolescent Psychiatry (1995) angegeben. Die demnach verbindlich vorgeschriebenen diagnostischen Schritte umfassen verschiedene *diagnostische Ebenen,* das heißt unterschiedliche Quellen und Methoden der Informationsgewinnung:

- eine ausführliche Exploration mit primären Bezugspersonen des zu diagnostizierenden Kindes, in der Regel mit den Eltern, Lehrern oder Erziehern, im Sinne einer *Verhaltensanalyse*;
- unmittelbare *Verhaltensbeobachtungen* im Lebensalltag des Kindes, das heißt ein direktes Registrieren des Ausmaßes der Aufmerksamkeitsstörung und der damit verbundenen Handicaps in Kindergarten, Schule, Ausbildung oder häuslichem Alltag;
- bei Aufmerksamkeitsstörungen mit assoziierter hypermotorischer Aktivität das direkte *Beobachten und Registrieren* der motorischen Aktivität; und
- die Anwendung geeigneter *psychometrischer Verfahren* (computergestützte oder Testverfahren).

Die erste Diagnostikphase: Verhaltensanalyse

Die erste Diagnostikphase, die *Verhaltensanalyse*, dient der Exploration und der Klassifikation der vermuteten Aufmerksamkeitsstörung sowie auch dem Gewinnen erster Hypothesen über individuelle Störungsschwerpunkte (vgl. Lauth & Schlottke, 1996). Hierbei ist zunächst zu klären, ob überhaupt eine Aufmerksamkeitsstörung vorliegt, das heißt ob die klinischen Kriterien nach DSM-IV oder ICD-10 erfüllt sind (siehe 3.1). Da zur Diagnose einer Aufmerksamkeitsstörung der Ausschluß anderer (zugrundelie-

Im diagnostischen Interview müssen primäre Krankheitsfaktoren exploriert werden

gender) klinischer Bedingungen, die unter anderem auch Aufmerksamkeitsdefizite nach sich ziehen können, erforderlich ist, müssen im diagnostischen Interview derartige *primäre Krankheitsfaktoren* systematisch exploriert werden. Hierzu können zum Beispiel eine geistige Behinderung, genetische Syndrome (Williams-Beuren- oder fragiles-X-Syndrom), neuropsychiatrische Erkrankungen (Autismus oder Tourette-Syndrom) und prä- oder perinatale Störungen und Komplikationen (Alkoholembryopathie, Frühgeburt oder eine Hirnblutung) gehören (vgl. Heubrock & Petermann, 2000). Das Vorliegen derartiger Krankheitsfaktoren muß unter Umständen nicht nur von den primären Bezugspersonen erfragt, sondern auch durch fremdanamnestische Quellen (Untersuchungsheft für Kinder, medizinische Befundberichte oder Entwicklungsberichte) überprüft werden. Das Heranziehen fremdanamnestischer Quellen ist vor allem in denjenigen Fällen unverzichtbar, in denen die primären Bezugspersonen keine zuverlässigen Angaben zur Vorgeschichte machen können (dies ist bei Adoptiv- und Pflegeeltern häufig der Fall) oder in denen der subjektive Leidensdruck übertriebene Angaben provoziert.

Fremdanamnestische Quellen

Bestimmen des Störungsausmaßes und der Störungsschwerpunkte

Konnte das Vorliegen einer Aufmerksamkeitsstörung im Sinne der DSM-IV- bzw. ICD-10-Kriterien gesichert werden, ist in einem weiteren Schritt der Verhaltensanalyse das Ausmaß der Störung und der individuelle Störungsschwerpunkt näher zu bestimmen. Hierzu gehören Fragen, die

- eine ausführliche Beschreibung des problematischen Verhaltens ermöglichen,
- das Vorliegen differentialdiagnostisch relevanter Verhaltensindikatoren oder
- die aktuellen Umstände des Auftretens der Aufmerksamkeitsstörung sowie
- eine eventuelle reaktive Verursachung durch Umweltbedingungen und
- Folgen der Aufmerksamkeitsstörung für die Bezugspersonen absichern, aber auch
- Bereiche unproblematischen Verhaltens oder
- Ressourcen (Vorlieben und Stärken) des Kindes ermitteln (vgl. Lauth & Schlottke, 1996).

Die zweite Diagnostikphase: Verhaltensbeobachtung und Testverfahren

Die zweite Diagnostikphase dient vor allem der weiteren Bestätigung des Vorliegens einer Aufmerksamkeitsstörung durch Informationsquellen, die von den Beobachtungen der primären Bezugspersonen unabhängig sind. Hierzu gehören vor allem *Verhaltensbeobachtungen* des Diagnostikers, aber auch die Anwendung standardisierter *psychometrischer Untersuchungsverfahren.*

Verhaltensstichproben zur unmittelbaren *Verhaltensbeobachtung* sollten aus mehreren bedeutsamen Lebensbereichen (Schule, Ausbildung, häusliches Umfeld) und aus verschiedenen Situationen (hochstrukturierte Schulstunde, freies Arbeiten in einer Verfügungsstunde, häusliche Schularbeiten) gezogen werden. Eine Auswahl der zur Verhaltensbeobachtung in Frage kommenden Verfahren sind in Tabelle 3 zusammengestellt (vgl. die ausführlichen Beschreibungen bei Döpfner et al., 2000).

Tabelle 3
Verfahren zur Verhaltensbeobachtung

Abkürzung	Verfahren	Einsatzbereich
MAI	Münchner Aufmerksamkeitsinventar	dient der Beobachtung aktiv-störenden, passiv-unaufmerksamen und angemessenen Verhaltens durch Zeitstichproben
PROBO	Problembeurteilungsbogen	dient der wöchentlichen Beurteilung von umschriebenem Problemverhalten durch die Bezugspersonen
PROTA	Problemtagebuch	zur Verhaltensbeobachtung durch Eltern oder andere Bezugspersonen, bei Jugendlichen auch zur Selbstbeobachtung; erfaßt auch auslösende Situationen
VEWO	Verhaltensbeobachtung während der Untersuchung	wird vom Untersucher zum Ende einer testpsychologischen Untersuchung zur Beurteilung des Verhaltens eingesetzt
ZIEBO	Zielbeurteilungsbogen	tägliche oder wöchentliche Beurteilung durch Bezugspersonen oder bei Jugendlichen auch zur Selbstbeobachtung

Psychometrische Untersuchungsverfahren: Tests und computergestützte Diagnostik

Die Anwendung standardisierter *psychometrischer Untersuchungsverfahren* verfolgt den Zweck, die Art und das Ausmaß hyperkinetischer und Aufmerksamkeits-Störungen mit Hilfe objektiver Meßverfahren genau zu erfassen. Ihr zusätzlicher Vorteil gegenüber der Verhaltensbeobachtung besteht vor allem darin, daß einzelne Aufmerksamkeitskomponenten gezielt und separat untersucht werden können, die in komplexen Alltagshandlungen nicht voneinander getrennt werden können. Zudem werden im Alltagsgeschehen fast immer mehrere kognitive Anforderungen gleichzeitig gestellt, so daß bei Störungen nicht immer entschieden werden kann, ob sie auf Beeinträchtigungen basaler Stützfunktionen wie die Aufmerksamkeit oder auf kognitive Teilleistungsstörungen (beispielsweise Lesen, Rechnen oder Gedächtnis) zurückzuführen sind.

Die psychometrischen Untersuchungsverfahren zur Aufmerksamkeit lassen sich grob in solche unterteilen, die mittels Papier und Bleistift zu bewältigen sind, und solche, die computergestützt dargeboten werden (vgl. Heubrock & Petermann, 2000; Lösslein & Deike-Beth, 1997, S. 203ff.). Einen Überblick über die wichtigsten psychometrischen Untersuchungsverfahren gibt die Tabelle 4.

Tabelle 4
In der Aufmerksamkeitsdiagnostik häufig angewandte Testverfahren

Abkürzung	Testverfahren	Autoren
AKT	Alters-Konzentrations-Test	Gatterer (1990)
BKT	Bonner Konzentrationstest	Fay & Meyer (1993)
CPT-K	Continuous Performance Test – Kinderform	Lauth, Roth, Schlottke & Schmidt (1993)
DAT	Dortmunder Aufmerksamkeitstest	Lauth (1993)
FAKT	Frankfurter Adaptiver Konzentrations-leistungs-Test	Moosbrugger & Heyden (1998)
FAIR	Frankfurter Aufmerksamkeits-Inventar	Moosbrugger & Oehlschlägel (1996)
FWIT	Farbe-Wort-Interferenztest	Bäumler (1985)
INKA	Inventar komplexer Aufmerksamkeit	Heyde (1995)
KLT-R	Revidierter Konzentrations-Leistungs-Test	Lukesch & Mayrhofer (in Vorbereitung)
KT 3-4	Konzentrationstest für 3. und 4. Klassen	Heck-Möhling (1993)
KVT	Konzentrations-Verlaufs-Test	Abels (1974)
Rev.T.	Revisions-Test	Marschner (1980)
TAP	Testbatterie zur Aufmerksamkeitsprüfung	Zimmermann & Fimm (1993, 1994)
Test „d2“	Aufmerksamkeits-Belastungstest	Brickenkamp (1994)
WCST	Wisconsin Card Sorting Test	Grant & Berg (1993)
WDG	Wiener Determinationsgerät	Schuhfried (1994)
WRG	Wiener Reaktionsgerät	Schuhfried (1994)
WTS	Wiener Testsystem	Schuhfried (1994)

Papier- und Bleistift-Tests

Die meisten Aufmerksamkeitstests sind Papier- und Bleistift-Tests, denen monotone und kognitiv meist anspruchslose Aufgaben zugrundeliegen und die unter Zeitdruck möglichst richtig bearbeitet werden müssen. Eine Vielzahl dieser Testverfahren steht in der Tradition der sogenannten Durchstreichtests, bei denen aus einer Auswahl relevanter und irrelevanter Reize ausschließlich die relevanten (kritischen) Symbole herauszufinden und durchzustreichen sind. Computergestützte Testverfahren haben den Vorteil, auch die akustische Modalität oder mehrere Sinnesmodalitäten gleichzeitig zu erfassen und komplexere Problemsituationen abbilden zu können. Einen Überblick über computergestützte Aufmerksamkeitstests enthält Tabelle 5. Hinweise zur Auswahl und zu Einschränkungen geeigneter Testverfahren werden in Kapitel 3.3 gegeben.

Tabelle 5
In der Aufmerksamkeitsdiagnostik häufig angewandte computergestützte Untersuchungsverfahren

Abkürzung	Testverfahren	Autoren
CPT-K	Continuous Performance Test – Kinderform	Lauth, Roth, Schottke & Schmidt, 1993
CPT-M	Continuous Performance Test – München	Kathmann, Wagner, Satzger & Engel, 1996
PASAT	Paced Auditory Serial Addition Task	Gronwall, 1977
TAP	Testbatterie zur Aufmerksamkeitsprüfung	Zimmermann & Fimm, 1993; 1994

In der zweiten Diagnostikphase wichtig: Zusätzliche Probleme erfassen

Eine weitere Funktion der zweiten Diagnostikphase besteht darin, die mit einer Aufmerksamkeitsstörung häufig verbundenen zusätzlichen Probleme zu erfassen. So zeigen Kinder mit einer Aufmerksamkeitsdefizit-/Hyperaktivitätsstörung oft auch aggressive Verhaltensweisen oder ein oppositionelles Trotzverhalten, es kann jedoch auch zu umfassenden Lern- und Schulleistungsschwierigkeiten kommen. Die zur Abklärung der *Störungsbreite* vorgeschlagenen diagnostischen Instrumente umfassen *strukturierte klinische Interviews und psychodiagnostische Screening-Verfahren* (Lauth & Schlottke, 1996), hier kann jedoch auch der Einsatz neuropsychologischer Testverfahren sinnvoll sein, um komorbide Leistungsstörungen zu erfassen und voneinander abzugrenzen (Heubrock & Petermann, 2000). Tabelle 6 gibt einen Überblick über geeignete psychodiagnostische Instrumente.

Die dritte Diagnostikphase: Interventionsplanung

Die dritte Diagnostikphase dient der *Interventionsplanung* (vgl. Lauth & Schlottke, 1996). Schöttke (1997) und Schöttke und Wiedl (2001) unterscheiden drei grundsätzliche Trainingsmethoden zur Behandlung von Aufmerksamkeitsstörungen:
- der *verhaltensmedizinische Ansatz* versucht, aufmerksames Verhalten im Alltag der Patienten durch verschiedene verhaltenstherapeutische Verfahren (z. B. operante Verstärkung, Selbstinstruktionstraining) zu fördern,
- beim *psychometrischen Ansatz* werden Therapieprogramme eingesetzt, die sich häufig eng an diagnostische Testmaterialien anlehnen und nicht selten versuchen, *die* Aufmerksamkeit insgesamt zu trainieren, und
- der *biologische Ansatz* bemüht sich um ein gezieltes Training einzelner gestörter Aufmerksamkeitskomponenten, deren neuropsychologische Fundierung als gesichert gelten kann.

Tabelle 6
Verfahren zur Psychodiagnostik bei komorbiden Störungen (nach Döpfner, Lehmkuhl, Heubrock & Petermann, 2000)

Abkürzung	Verfahren	Autoren	Einsatzbereich
CASCAP-D	Psychodiagnostisches Befund-System für Kinder und Jugendliche	Döpfner et al. (1999)	dient der klinischen Beurteilung einzelner psychopathologischer Merkmale (Symptome) durch eine halbstrukturierte Exploration des Kindes und der Bezugsperson
CBCL (dt. Bearbeitung)	Elternfragebogen über das Verhalten von Kindern und Jugendlichen und davon abgeleitete Verfahren der Child Behavior Check List	Arbeitsgruppe Deutsche Child Behavior Checklist (2000)	umfangreiches Fragebogen- System mit verschiedenen Eltern-, Lehrer-, Kinder- und Jugendlichen-Fragebogen
DISYPS-KJ	Diagnostik-System für psychische Störungen im Kindes- und Jugendalter nach ICD-10 und DSM-IV	Döpfner & Lehmkuhl (2000)	erfaßt die bei Kindern und Jugendlichen wichtigsten Störungsbereiche durch das klinische Urteil des Untersuchers, das Fremdurteil durch Bezugspersonen und das Selbsturteil des Kindes
VBV 3-6	Verhaltensbeurteilungsbogen für Vorschulkinder	Döpfner et al. (1993)	besteht aus einem Eltern- und einem Erzieher-Fragebogen und erfaßt die sozial-emotionalen Kompetenzen und die Verhaltensauffälligkeiten von Kindern im Alter von drei bis sechs Jahren

Der neuropsychologische Therapieansatz gewinnt an Bedeutung

In den letzten Jahren hat der psychometrische Ansatz an Bedeutung verloren. Zeitgleich entwickelten sich biologische oder neuropsychologische Therapieansätze, die oft kombiniert mit verhaltenstherapeutischen Elementen kombiniert wurden (vgl. Heubrock & Petermann, 1997a; 1997b).

Der Vorteil der inzwischen möglichen differenzierten Diagnostik verschiedener Aufmerksamkeitskomponenten besteht darin, selektiv die gestörten Aufmerksamkeitsbereiche zu behandeln. Die Abkehr von unspezifischen „Aufmerksamkeitstrainings" hat zur Entwicklung gezielt wirksamer Therapieprogramme geführt. Hierbei haben sich psychologische Behandlungsprogramme bei Kindern mit einer Aufmerksamkeitsdefizit-/Hyperaktivitätsstörung unter kontrollierten Bedingungen insgesamt als sehr wirksam erwiesen (Saile, 1996). Die ermittelte Effektstärke von 0.52 entspricht einer Verbesserung um 19 Prozentrang-Punkte und erweist sich als statistisch signifikant. Unter den evaluierten Behandlungsverfahren aus dem gesamten Spektrum der kognitiv-verhaltenstherapeutischen Methoden haben sich vor allem Entspannungs- und Biofeedbackverfahren und verhaltenstherapeutische Verfahren als besonders effizient gezeigt. Die Rangfolge der Verfahren und die zugeordneten Effektstärken sind Tabelle 7 zu entnehmen.

Tabelle 7

Effektstärken für Behandlungsverfahren bei Kindern mit Aufmerksamkeitsdefizit-/ Hyperaktivitätsstörung (modifiziert nach Saile, 1996)

Behandlungs-methode	Trainingsansätze und -prinzipien	Effektstärke
Entspannung, Biofeedback	Autogenes Training, Progressive Muskelentspannung, EMG- und Hauttemperatur-Biofeedback	0.77
Verhaltenstherapeutische Techniken	Modell-Lernen, positive Verstärkung, Token-Systeme, visuelles Diskriminationstraining, Problemlösetraining	0.71
Elterntraining	Verbesserung der Erziehungskompetenz der Eltern, Kommunikationstraining, Vermittlung von Techniken zur Verhaltensmodifikation	0.49
Behandlungspakete	Multimediale Ansätze für betroffene Kinder, Eltern und Lehrer	0.37
Selbstinstruktions-training	Versprachlichung bei Problemlöseaufgaben, verbale Selbststeuerung	0.36

Therapieprogramme für Kinder

In den vergangenen Jahren wurden spezielle Therapieprogramme zur Behandlung unaufmerksamer und hyperaktiver Kinder entwickelt. Eine besondere Verbreitung haben das „Training mit aufmerksamkeitsgestörten Kindern" (Lauth & Schlottke, 1995) und das „Therapieprogramm für Kinder mit hyperkinetischem und oppositionellem Problemverhalten" (THOP; Döpfner, Schürmann & Fröhlich, 1998) gefunden, ein neuropsychologisch fundiertes Therapieprogramm für Kinder mit Störungen der geteilten und der fokussierten Aufmerksamkeit wird derzeit evaluiert (Harden, Jacobs, Muth, Heubrock & Petermann, 1999).

Pharmakologische Therapie mit Ritalin®

Im Zusammenhang mit kombinierten hyperkinetischen und Aufmerksamkeitsstörungen wird in der Regel eine pharmakologische Therapie, meist durch Psychostimulanzien (vor allem Methylphenidat, Handelsname Ritalin®) oder durch Antidepressiva, erwogen (Barkley, 1990; Rapport et al.,

1994). Angesichts eines positiven Ansprechens auf Stimulanzien bei 70 bis 90 % der betroffenen Kinder sprechen Döpfner, Lehmkuhl und Roth (1996) sogar davon, daß ein „Nichtbeachten medikamentöser Interventionsmöglichkeiten, auch nachdem alternative Therapien sich als nicht hinreichend erfolgreich erwiesen haben, (...) nach den vorliegenden empirischen Befunden an einen Kunstfehler (grenzt)" (S. 119). Die bisher vorliegenden Befunde belegen einen deutlichen Kurzzeiteffekt für die Stimulanzientherapie, sie zeigen aber auch, daß die Wirkung nur solange anhält, wie die Medikamente eingenommen werden, das heißt, die Einnahme führt nicht zu einer besseren Prognose nach Absetzen der Medikation. Die Mehrzahl der Untersuchungen zu kombinierten (pharmakologischen und psychologischen) Therapieansätzen spricht für eine geringfügig erhöhte unmittelbare Wirksamkeit multimodaler Interventionen, die sich im *Langzeitverlauf* im Vergleich zu einer ausschließlichen Stimulanzientherapie sogar noch eindeutiger abzeichnete (vgl. die Übersicht bei Döpfner, Lehmkuhl & Roth, 1996). Obwohl eine Behandlung mit Methylphenidat vor allem bei hyperkinetischen Verhaltensweisen in Frage kommt, konnten auch positive Effekte auf verschiedene *Aufmerksamkeitskomponenten*, vor allem auf die Daueraufmerksamkeit und die Vigilanz nachgewiesen werden (Tannock et al., 1989; Rapport et al., 1994; Solanto, 1984). Diese Befunde eröffnen auch für die Verlaufskontrolle pharmakologisch behandelter Kinder mit einer Aufmerksamkeitsstörung wichtige Perspektiven. Eine *psychometrische* Untersuchung *pharmakosensibler* Aufmerksamkeitskomponenten könnte zu einer objektiveren einzelfallbezogenen Einschätzung der Wirksamkeit einer Psychostimulanzientherapie beitragen und die vielfach auch bei Eltern und Ärzten vorhandenen Unsicherheiten lindern.

Aufmerksamkeitsdiagnostik zur Verlaufskontrolle der Pharmakotherapie

Therapieprogramme für Erwachsene

Auch für *erwachsene Patienten* mit meist *traumatisch* erworbenen Aufmerksamkeitsstörungen wurden verschiedene Therapieprogramme entwikkelt. Hierzu zählen das

- Orientation Remediation Modul (ORM) zur apparativen Therapie der oft unzureichenden Wachheit (Alertness), der häufigen Aufmerksamkeitsschwankungen und geringen selektiven Aufmerksamkeit, der eingeschränkten Vigilanz und verzögerter und fehlerhafter Reaktionen (Ben-Yishay et al., 1987),
- Attention Process Training (APT) mit Übungen zur Fokussierung der Aufmerksamkeit, der Daueraufmerksamkeit, der selektiven Aufmerksamkeit, des Aufmerksamkeitswechsels und der geteilten Aufmerksamkeit (Sohlberg & Mateer, 1987) und
- AIXTENT, das mit Hilfe computergestützter, spielähnlicher Aufgaben besonders Störungen der Alertness, der Vigilanz, der selektiven Aufmerksamkeit und der geteilten Aufmerksamkeit trainiert (Sturm et al., 1993, 1994).
- Darüber hinaus wurden in der Vergangenheit auch verschiedentlich eher unspezifische computergestützte Therapieprogramme durchgeführt und

evaluiert, die in erster Linie aus einem allgemeinen Reaktionstraining mit zusätzlichen aufmerksamkeitsbezogenen Therapiemodulen bestanden (Poser et al., 1992; Sturm & Willmes, 1991).

Die Ergebnisse zeigen, daß eine längerfristige und alltagsrelevante Verbesserung einzelner gestörter Aufmerksamkeitsleistungen nur durch gezielte Therapieprogramme bewirkt werden kann (vgl. zusammenfassend Sturm & Zimmermann, 2000). Auch diese Befunde sprechen dafür,

Nur gezielte Therapie verbessert die Aufmerksamkeit

- immer eine differenzierte Aufmerksamkeitsdiagnostik der Interventionsplanung voranzustellen und
- insbesondere Beeinträchtigungen der Aufmerksamkeitsintensität (Alertness und Daueraufmerksamkeit/Vigilanz) stets mit hierfür spezifischen Therapieverfahren zu trainiern.

3.3 Leitlinien zur Diagnostik von Aufmerksamkeitsstörungen

Diagnostische Leitlinien als Qualitätssicherung

Diagnostische Standards (Leitlinien) sollen einen Beitrag zur Qualitätssicherung im Gesundheitswesen leisten, indem sie das diagnostische Vorgehen und die zu verwendenden Methoden vereinheitlichen und damit eine Vergleichbarkeit der Ergebnisse anstreben. Ein solches standardisiertes Procedere führt zu einer größeren Unabhängigkeit vom einzelnen Diagnostiker, es gewichtet dafür aber die Bedeutung der anzuwendenden Verfahren stärker und setzt ihren verbindlichen Gebrauch voraus. Für die Diagnostik von Aufmerksamkeitsstörungen bedeutsame Leitlinien haben sich bisher erst für Kinder und Jugendliche mit psychischen Störungen verbindlich etablieren können (vgl. Döpfner, Lehmkuhl, Heubrock & Petermann, 2000). Sie lassen sich nur zum Teil auf Kinder und Jugendliche mit anderen als psychischen Grundstörungen (z.B. bei Hochbegabung) übertragen. Für Erwachsene mit Aufmerksamkeitsstörungen liegen derzeit verbindliche Leitlinien ebenso wenig vor wie für ältere Menschen. Bei ihnen lassen sich daher nur vorläufige diagnostische Standards angeben.

Empfehlungen zur Diagnostik bei Kindern

Die Leitlinien zur Diagnostik von Aufmerksamkeitsstörungen bei Kindern orientieren sich an den von der Deutschen Gesellschaft für Kinder- und Jugendpsychiatrie und -psychotherapie (2000) veröffentlichten Empfehlungen (siehe Abb. 8).

Testpsychologische Untersuchung als wichtige Ergänzung

Demnach ist eine testpsychologische Untersuchung bei den meisten psychischen Störungen zwar nicht vorgeschrieben. Sie stellt aber in vielen Fällen eine unverzichtbare Ergänzung dar und ist auch in Form einer Anwendung standardisierter psychometrischer Untersuchungsverfahren fester Bestandteil der zweiten Diagnostikphase bei Aufmerksamkeitsstörungen

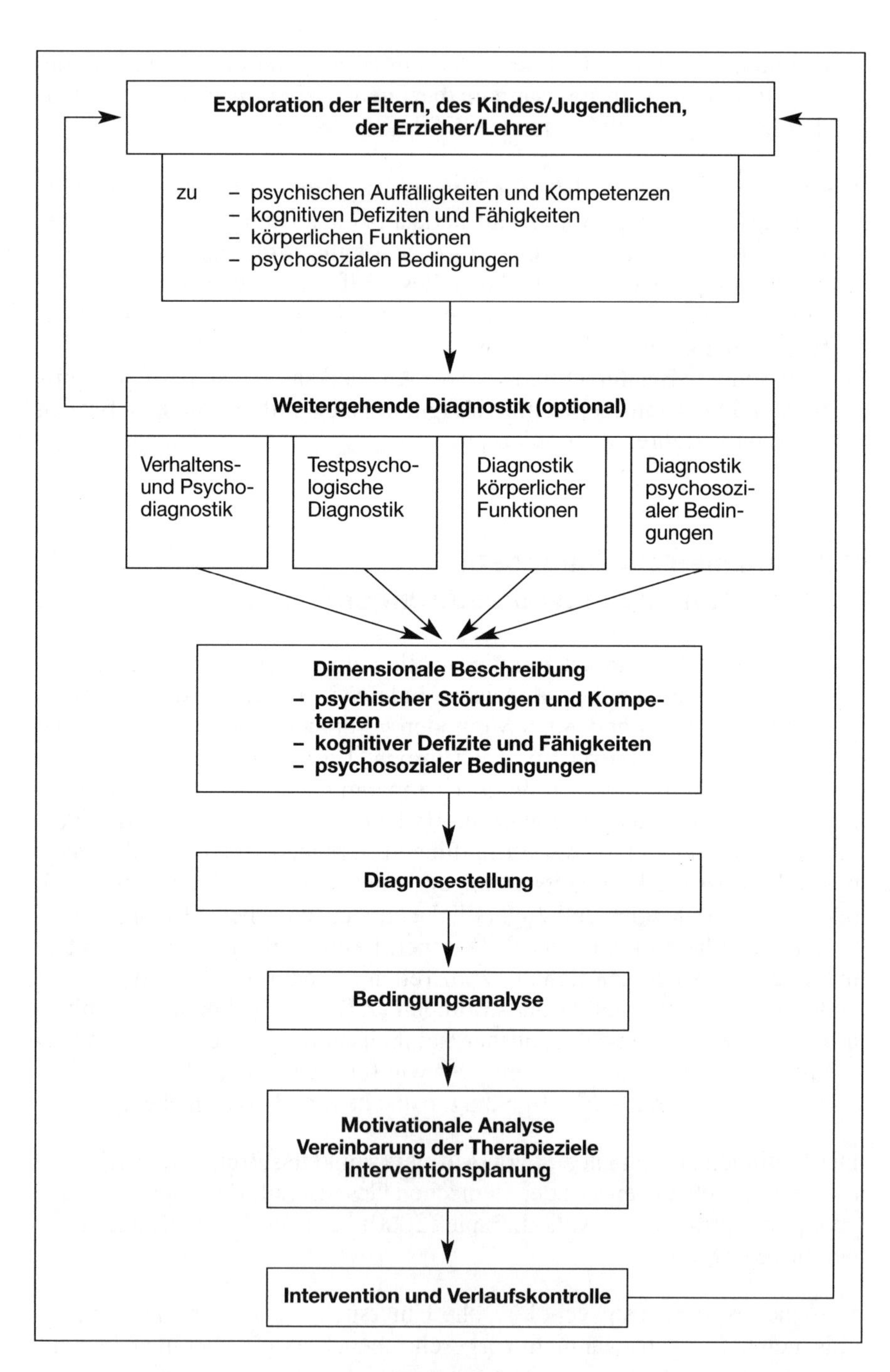

Abbildung 8
Phasen des diagnostischen Prozesses (modifiziert nach Döpfner, Lehmkuhl, Heubrock & Petermann, 2000, S. 5)

(siehe Kapitel 3.2). Döpfner, Lehmkuhl, Heubrock und Petermann (2000) haben Leitlinien zur Diagnostik psychischer Störungen im Kindes- und Jugendalter entwickelt und Empfehlungen zur Durchführung testpsychologischer Untersuchungen zusammengefaßt (siehe Kasten 7).

Kasten 7
Leitlinien zur Durchführung testpsychologischer Untersuchungen (nach Döpfner, Lehmkuhl, Heubrock & Petermann, 2000, S. 98)

L 1	**Leitlinie 1:** **Indikation für Entwicklungs-, Intelligenz-, Leistungs- und neuropsychologische Diagnostik**

Eine Indikation für eine testpsychologische Untersuchung ist gegeben, wenn
- Verhaltensauffälligkeiten auch im schulischen Kontext auftreten;
- in der Anamnese Hinweise auf eine Entwicklungsverzögerung gegeben sind.
- Bei Vorschulkindern wird eine ausführliche Entwicklungsdiagnostik wegen der hohen Komorbiditätsraten von Entwicklungsstörungen und wegen der meist fehlenden zuverlässigen Angaben zum Entwicklungsstand grundsätzlich empfohlen.
- Bei Schulkindern ist immer dann eine ausführliche testpsychologische Untersuchung der Intelligenz und von schulischen Teilleistungen notwendig, wenn Hinweise auf Leistungsprobleme (Noten, Klassenwiederholung, Sonderbeschulung) oder auf schulische Unterforderung (z. B. Hochbegabung) vorliegen.

Neuropsychologische Diagnostik

Die Diagnostik von Aufmerksamkeitsstörungen ist hierbei der neuropsychologischen Diagnostik zuzuordnen (vgl. den Überblick über die diagnostischen Bereiche und die zugehörigen Leitlinien in Kasten 8).

Kasten 8
Überblick über die testdiagnostischen Bereiche und die zugehörigen Leitlinien

Leitlinie	Diagnostischer Bereich
2	Entwicklungsdiagnostik
3	Intelligenzdiagnostik
4	Diagnostik umschriebener Entwicklungsstörungen
5	Neuropsychologische Diagnostik

Aufmerksamkeitsstörungen sind keine Entwicklungsstörungen

Eine Zuordnung von Aufmerksamkeitsstörungen zur Diagnostik umschriebener Entwicklungsstörungen bzw. Teilleistungsstörungen ist nicht zulässig, da hierzu ausschließlich die
- Artikulationsstörung,
- Expressive Sprachstörung,
- Rezeptive Sprachstörung,
- Umschriebene Störung der motorischen Funktionen,
- Umschriebene Lesestörung,
- Isolierte Rechtschreibstörung und
- Rechenstörung

zu zählen sind und es sich bei der Aufmerksamkeit nicht um eine isolierte Teilleistung, sondern um eine *basale Stützfunktion* handelt. Auch die zunehmende Bedeutung neuropsychologischer Erkenntnisse zur Entstehung, Aufrechterhaltung und zu den psychosozialen Folgen von Aufmerksamkeitsstörungen sowie die Verfügbarkeit valider neuropsychologischer Testverfahren spricht für eine Zuordnung der Aufmerksamkeitsstörungen zur

Neuropsychologische Diagnostik von Aufmerksamkeitsstörungen

Kasten 9

Leitlinie zur Durchführung neuropsychologischer Diagnostik (nach Döpfner, Lehmkuhl, Heubrock & Petermann, 2000, S. 112)

L 5	**Leitlinie 5: Neuropsychologische Diagnostik**

Eine neuropsychologische Diagnostik ist immer dann indiziert, wenn der Verdacht besteht, daß Leistungsminderungen durch eine Hirnfunktionsstörung verursacht sein können. Im einzelnen ist eine Indikation für eine neuropsychologische Untersuchung gegeben, wenn
- ein Schädel-Hirn-Trauma oder eine schwerwiegende neurologische Erkrankung (z. B. Encephalitis) eine neurologische Behandlung nach sich gezogen hat,
- schwerwiegende und langanhaltende Lernstörungen vorliegen, die durch traditionelle Förder- und Therapiemaßnahmen nicht positiv beeinflußt werden konnten und bei denen Hinweise auf eine hirnfunktionelle Verursachung gegeben sind,
- schwerwiegende emotionale oder Verhaltensstörungen, möglicherweise mit komorbiden Lernstörungen oder Entwicklungsverzögerungen, sich Behandlungsmaßnahmen gegenüber als resistent erweisen und
- wenn es zu *plötzlichen* Gedächtnis-, kognitiven, schulleistungsbezogenen, motorischen, sprachlichen oder verhaltensbezogenen Störungen oder zu plötzlichen Persönlichkeitsveränderungen (z. B. beim Frontalhirn-Syndrom) kommt, die durch vorausgegangene andere psychodiagnostische Untersuchungen nicht hinreichend erklärt werden konnten.

neuropsychologischen Diagnostik, deren Indikationen in Kasten 9 erläutert sind.

Neuropsychologische Diagnostik

Diese Leitlinie spiegelt zwar in erster Linie die Bedeutung der neuropsychologischen Diagnostik nach akuten Ereignissen und plötzlichem Störungseintritt wider, sie erfaßt aber unter den Unterpunkten zwei (schwerwiegende und langanhaltende Lernstörungen) und drei (schwerwiegende emotionale oder Verhaltensstörungen) trotz der gegebenen Einschränkungen Problemlagen, die für Aufmerksamkeitsstörungen charakteristisch sind.

Die Klinische Kinderneuropsychologie bedient sich eines stufenweisen diagnostischen Vorgehens, das neben den Methoden der Exploration und Verhaltensbeobachtung eine große Anzahl testpsychologischer und computergestützter Verfahren und in Spezialfällen auch psychophysiologische Untersuchungsverfahren umfaßt (Heubrock & Petermann, 2000; siehe Tab. 8). So gehört auch nach den Leitlinien zur neuropsychologischen Diagnostik die Untersuchung

- der Aufmerksamkeit (mindestens geteilte Aufmerksamkeit, Bahnung/Hemmung, Daueraufmerksamkeit),
- exekutiver Funktionen (Planen, Mehrfachhandlungen) und
- bei Verdacht auf Neglect und/oder Hemianopsie auch eine Gesichtsfeld- und Neglect-Prüfung

zu den *obligatorischen Elementen.*

Tabelle 8
Testverfahren und zugehörige Aufmerksamkeitskomponenten (modifiziert nach Sturm & Zimmermann, 2000, S. 357 ff.)

Testverfahren	Aufgabe	Aufmerksamkeits-komponente
Aufmerksamkeitsaktivierung (Alertness)		
Wiener Reaktionsgerät	Einfache Reaktionszeitmessung auf Licht- und Tonreiz	Tonische Alertness (visuell und/oder auditiv)
Untertest „Alertness" der TAP[1]	Einfache optische Reaktionszeitmessung mit und ohne auditiven Warnreiz	Tonische und phasische Alertness mit cross-modalem Warnreiz
Daueraufmerksamkeit		
Test „Daueraufmerksamkeit" des WTS[2]	Längerfristige (20 Min.) Beobachtung der räumlichen Ausrichtung von Dreiecken, Reaktion auf kritische Reize mit hoher Auftretenswahrscheinlichkeit	Daueraufmerksamkeit (visuell)

Test „Vigilanztest" des WTS	Reaktion auf selten auftretende Sprünge eines bewegten Lichtreizes	Vigilanz (visuell)
Untertest „Vigilanz" der TAP	Reaktion auf selten auftretende Unregelmäßigkeiten in einer Tonfolge oder in Lichtbalkenbewegungen	Vigilanz (visuell oder auditiv)
Konzentrations-Verlaufs-Test (KVT)	Längerfristige visuelle Such- und Sortieraufgabe	Daueraufmerksamkeit (visuell)
Selektive oder fokussierte Aufmerksamkeit		
Test d2, FAIR	Durchstreichtests	Kurzfristige visuelle Fokussierung der Aufmerksamkeit
Untertest „Go/No-Go" der TAP[1]	Schnelle Reaktion auf zwei von fünf visuellen Mustern	Selektive Aufmerksamkeit (visuell)
Wahlreaktionsaufgabe am Wiener Reaktionsgerät (WTS[2])	Schnelle Reaktion auf eine festgelegte auditiv-visuelle Reizkombination	Selektive Aufmerksamkeit (auditiv-visuell)
Wiener Determinationsgerät (WTS[2])	Schnelle Reaktion auf verschiedene Farb- und Tonreize	Selektive Aufmerksamkeit (auditiv-visuell) mit Reiz-/Reaktionsselektion
Farbe-Wort-Interferenz-Test	Schnelles Benennen der zur Wortbedeutung inkompatiblen Druckfarbe eines Farbwortes	Interferenzneigung
Räumliche Ausrichtung der Aufmerksamkeit		
Untertest „Verdeckte Aufmerksamkeitsverschiebung" der TAP[1]	Schnelle Reaktionen auf Reize im rechten oder linken Gesichtsfeld	Visuell-räumliche Aufmerksamkeitsverschiebung
Geteilte Aufmerksamkeit		
PASAT[3]	Addieren von Zahlen	Geteilte Aufmerksamkeit (auditiv), Arbeitsgedächtnis (exekutiv)
Untertest „geteilte Aufmerksamkeit" der TAP[1]	Gleichzeitiges Beachten einer visuellen und einer auditiven Reizfolge	Geteilte Aufmerksamkeit (visuell-auditiv)
Kognitive Flexibilität		
Untertest „Reaktionswechsel" der TAP[1]	Wechsel des Aufmerksamkeitsfokus zwischen verschiedenen Informationsquellen	Flexibilität der Aufmerksamkeit

Anmerkung:

[1] TAP = Testbatterie zur Aufmerksamkeitsprüfung,

[2] WTS = Wiener Testsystem,

[3] PASAT = Paced Auditory Serial Addition Task.

Ältere Menschen werden meist neuropsychologisch untersucht, um

- bei beobachteten Leistungseinbußen zu entscheiden, ob diese auf einen normalen Alterungsprozeß oder auf eine früh einsetzende Demenz zurückzuführen sind,
- zwischen verschiedenen Demenzformen und fokalen Hirnschädigungen zu unterscheiden,
- demenzielle Leistungseinbußen von depressiven oder streßbedingten Symptomen zu differenzieren,
- die Hirnleistungsstörungen nach erwiesenen Hirnschädigungen in Art und Ausmaß näher zu bestimmen oder
- die kognitive Leistungsfähigkeit bei gesundem Älterwerden zu erhalten und zu fördern (vgl. Fleischmann, 2000; LaRue, 1999).

Neuropsychologische Diagnostik bei älteren Menschen

Wie auch bei Kindern und Jugendlichen bedient sich die neuropsychologische Diagnostik älterer Menschen ebenfalls eines stufenweisen Vorgehens, das aus einer Anamnese, einem klinischen Interview (Exploration) und der Anwendung psychometrischer Testverfahren besteht (Fleischmann, 2000; LaRue, 1999). Eine Besonderheit bei der Untersuchung älterer Menschen besteht in der oft eingeschränkten Belastbarkeit und in nachlassenden Sinnesleistungen, so daß an die Auswahl geeigneter Testverfahren hohe Ansprüche zu stellen sind, um Fehleinschätzungen zu vermeiden *(Altersfairness)*. Zudem liegen nicht für alle Testverfahren Normen für ältere Menschen vor und die Reliabilität, das heißt die Zuverlässigkeit der Ergebnisse nach einem längeren Zeitintervall (Test-Retest-Reliabilität), variiert deutlich zwischen den verschiedenen Testverfahren. Zu den wenigen Forschungsprogrammen, die sich intensiv mit diesen Fragestellungen beschäftigt haben, gehört vor allem die „Mayo Older Americans Normative Study" (MOANS; vgl. Ivnik, Smith, Malec, Petersen & Tangalos, 1995).

Altersfairness ist bei der Aufmerksamkeitsdiagnostik älterer Menschen sehr wichtig

Im deutschsprachigen Raum spielt die Aufmerksamkeitsdiagnostik bei älteren Menschen vor allem zur Früherkennung demenzieller Abbauprozesse eine Rolle. Die meisten Testbatterien zur Diagnostik von altersbedingten Hirnleistungsstörungen enthalten allerdings keine eigenständigen Aufmerksamkeitstests, sondern ordnen Aufmerksa0mkeitskomponenten anderen kognitiven Leistungsbereichen zu, zumeist Gedächtnis und Orientierung. Einen Überblick über häufig angewandte deutschsprachige Testbatterien für ältere Menschen gibt Tabelle 9.

Früherkennung von Demenz

Psychometrisch fundierte Testverfahren zur Erfassung eindeutig definierter Aufmerksamkeitskomponenten stehen für ältere Menschen derzeit nur sehr eingeschränkt zur Verfügung. Tabelle 10 gibt einen Überblick über neuropsychologische Testverfahren zur Aufmerksamkeitsdiagnostik. Demnach wird es für die Aufmerksamkeitsdiagnostik in diesem Bereich unumgänglich sein, aus den vorhandenen Untersuchungsverfahren sowie aus einzelnen Untertests eine Testbatterie zu konstruieren, die den geforderten

Neuropsychologische Testverfahren zur Aufmerksamkeitsdiagnostik bei älteren Menschen

Tabelle 9
Deutschsprachige Testbatterien für ältere Menschen

Abkürzung	Testverfahren	Autoren	Kurzbeschreibung
ADAS	Alzheimer's Disease Assessment Scale	Ihl & Weyer (1993)	Klinisches Interview (Motorik, Depressivität, psychotische Symptome), Verhaltensbeobachtungen (Kommunikation, Kooperation, Sprache) und Leistungsprüfungen (Verbales Gedächtnis, Orientierung, Praxie)
CAMDEX	Cambridge Examination of Mental Disorders of the Elderly (Deutsche Ausgabe)	Roth, Huppert, Tym & Mountjoy (1994)	Klinische Interviews, orientierende Prüfungen der kognitiven Leistungsfähigkeit (u.a. Orientierung, Sprache, Gedächtnis, Aufmerksamkeit)
D-T	Demenz-Test	Kessler, Denzler & Markowitsch (1999)	Leistungsprüfungen (Gedächtnis, Praxie, Orientierung), klinische Skalen (u.a. Schätzung der prämorbiden Intelligenz, Demenzätiologie)
MMST	Mini-Mental-Status-Test	Kessler, Markowitsch & Denzler (1990)	Screening-Instrument zur Erfassung kognitiver Störungen bei älteren Menschen (Interview mit Handlungsaufgaben)
NAI	Nürnberger Alters-Inventar	Oswald & Fleischmann (1997)	Testverfahren zu verschiedenen kognitiven Leistungsbereichen, Verhalten, Befindlichkeit und Selbstbild
SIDAM	Strukturiertes Interview für die Diagnose einer Demenz vom Alzheimer Typ, der Multiinfarkt- (oder vaskulären) Demenz und Demenzen anderer Ätiologie nach DSM-III-R, DSM-IV und ICD-10	Zaudig & Hiller (1996)	Enthält u. a. MMST, verschiedene Interviewskalen (u. a. Gedächtnis, Intelligenz, verbale Fähigkeiten, Rechnen) und Verhaltensproben
SKT	Kurztest zur Erfassung von Gedächtnis- und Aufmerksamkeitsstörungen	Erzigkeit (1992)	Quantifizierung von Aufmerksamkeits- und Gedächtnisstörungen (neun Untertests und fünf Parallelformen)
WMS-R	Wechsler Gedächtnis Test-Revidierte Fassung	Härtig, Markowitsch, Neufeld, Calabrese, Diesinger & Kessler (2000)	Aufmerksamkeits- und Konzentrationsleistung im wesentlichen als Kurzzeitgedächtnisaufgaben operationalisiert

Tabelle 10
Neuropsychologische Testverfahren zur Aufmerksamkeitsdiagnostik bei älteren Menschen

Aufmerksamkeits-komponente	Test	Autoren	Besonderheiten
Selektive Aufmerksamkeit	Go/NoGo (TAP[1])	Zimmermann & Fimm (1994)	Normstichprobe für 60–69jährige sehr klein; Alterseffekt bei Median der Reaktionszeiten nachgewiesen
	FWIT[2]	Bäumler (1985)	Altersnormen bis 84 Jahre
	FAIR[3]	Moosbrugger & Oehlschlägel (1996)	Altersnormen bis 72 Jahre (Form A) bzw. bis 69 Jahre (Form B)
	Test d2	Brickenkamp (1994)	Altersnormen nur bis 59 Jahre
Geteilte Aufmerksamkeit	Geteilte Aufmerksamkeit (TAP[1])	Zimmermann & Fimm (1994)	Normstichprobe für 60–69jährige sehr klein; Alterseffekt bei Median und Streuung der Reaktionszeiten nachgewiesen
	Zahlen-Symbol-Test (NAI[4])	Oswald & Fleischmann (1997)	Normstichproben für 55–69, 70–79 und 80–95 Jahre
Aufmerksamkeits-aktivierung (Alertness)	Tonische und phasische Alertness (TAP[1])	Zimmermann & Fimm (1994)	Normstichprobe für 60–69jährige sehr klein; Alterseffekt bei Median und Streuung der Reaktionszeiten der Durchgänge mit und ohne Warnton nachgewiesen
Arbeitsgedächtnis	Arbeitsgedächtnis (TAP[1])	Zimmermann & Fimm (1994)	Normstichprobe für 60–69jährige sehr klein; hier kein Alterseffekt nachgewiesen
Vigilanz	Konzentrations-Verlaufs-Test	Abels (1974)	Altersnormen nur bis 60 Jahre; Dauer nur etwa 15 Minuten
	Akustischer und optischer Vigilanztest (TAP[1])	Zimmermann & Fimm (1994)	Normstichprobe für 60–69jährige sehr klein; Alterseffekte zeigten sich für den akustischen Test ausschließlich für die Reaktionszeiten, für den optischen Test z.T. auch für andere Parameter (Streuung, Auslassungen)

Anmerkung:
[1] TAP = Testbatterie zur Aufmerksamkeitsprüfung,
[2] FWIT = Farbe-Wort-Interferenz-Test,
[3] FAIR = Frankfurter Aufmerksamkeits-Inventar,
[4] NAI = Nürnberger Alters-Inventar

Untersuchungsstandards und der jeweiligen Fragestellung so weit wie möglich entspricht.

Allgemeine Empfehlungen zur Auswahl geeigneter Aufmerksamkeitstests

Bei der Auswahl geeigneter Testverfahren zur Aufmerksamkeitsdiagnostik sind für alle Alters- und Zielgruppen allgemeine Empfehlungen zu berücksichtigen, um aussagefähige Ergebnisse zu gewährleisten.

Sensorische und kognitive Handicaps beachten

- Manche Testverfahren erfordern nicht nur *eine* bestimmte Aufmerksamkeitsleistung, etwa eine Aufmerksamkeitsteilung, sondern das Testmaterial kann gleichzeitig hohe Ansprüche an spezielle *Sinnesleistungen* (Sehen oder Hören), an das *Arbeitstempo* oder an zusätzliche *kognitive Prozesse* (Merkfähigkeit) stellen. In diesen Fällen kann eine reduzierte Testleistung auf jeden einzelnen dieser Einflußfaktoren oder ihre Kombination zurückzuführen sein, so daß eine Aussage über die tatsächliche Aufmerksamkeitskomponente kaum möglich ist. Dies ist bei einigen Testverfahren zur selektiven Aufmerksamkeit der Fall, die mit hohen visuellen Anforderungen verbunden sind (zum Beispiel beim Test „d2“; siehe Abb. 9). Bei diesen Testverfahren können Kinder mit cerebral bedingten visuellen Analysestörungen oder auch ältere Menschen mit nachlassendem Sehvermögen benachteiligt werden.

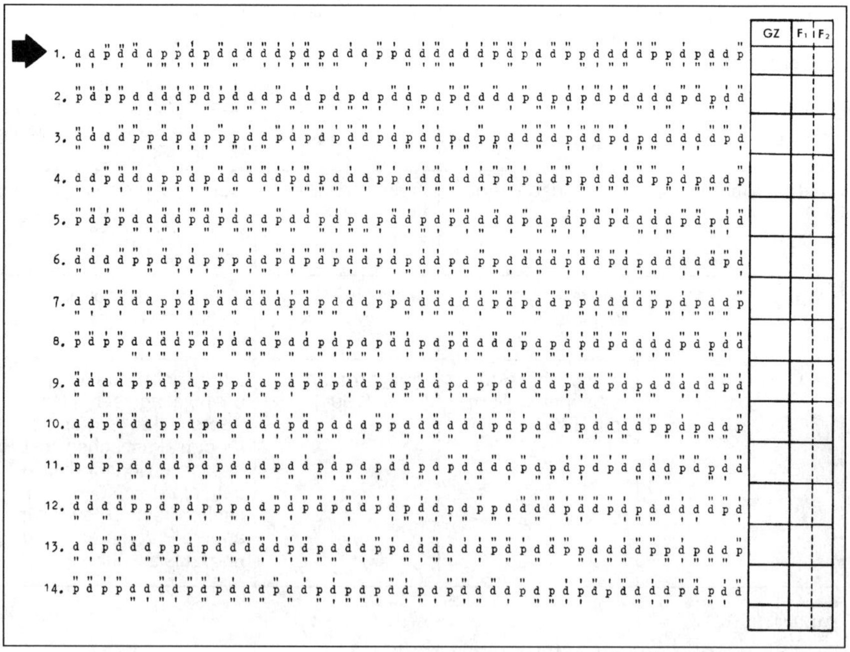

Abbildung 9
Aufmerksamkeits-Belastungs-Test („d2“)

Teil 1

*********** Reaktionsversuch ***********

Bei dem folgenden Versuch wird die Reak-
tionszeit bestimmt: Ihre Aufgabe ist es,
so schnell wie möglich auf die Taste zu
drücken, wenn ein Kreuz auf dem Bildschirm erscheint!

****

< UL: Bitte Taste drücken! (F5 = Ende)

Teil 2

Bitte beachten Sie: Der Versuch wird
auf zwei Arten durchgeführt:

1. Auf dem Bildschirm erscheint ein
   Kreuz. Bitte drücken Sie die Taste
   bei Erscheinen des Kreuzes.

2. Es ertönt ein Warnton und erst dann
   erscheint das Kreuz. Bitte drücken
   Sie die Taste erst bei Erscheinen
   des Kreuzes.

F5 = Ende

****

< UL: A = Vorversuch B = Hauptversuch >

Abbildung 10
Untertest „Alertness“ aus TAP

Motorische Handicaps beachten

– Einige Testverfahren erfordern schnelle und sichere *motorische Reaktionen,* entweder in Form eines blitzschnellen Tastendrucks bei einem kritischen Reiz (Reaktionszeiten) oder durch die sichere Handhabung eines Schreibgerätes. Menschen mit Lähmungen, Muskelschwächen, einer allgemeinen psychomotorischen Verlangsamung, Antriebsstörungen oder einer verzögerten Informationsverarbeitung können in diesen Fällen schlecht abschneiden, ohne daß ein Versagen auf die geforderte Aufmerksamkeitsleistung zurückzuführen sein muß (siehe Abb. 10).

Strategie der Aufgabenbearbeitung berücksichtigen

– Auch die *Strategie der Aufgabenbearbeitung* kann das Ergebnis in Aufmerksamkeitstests beeinflussen. So hat sich in früheren Auflagen des Tests „d2" gezeigt, daß Kinder mit einem impulsiven, hastig-übereilten Arbeitsstil im Parameter „Arbeitsqualität" (GZ-F) selbst dann unauffällig abschnitten, wenn sie viele kritische Reize übersehen hatten. Umgekehrt schnitten hier Kinder mit einem langsamen, aber genauen Arbeitsstil oft schlecht ab, so daß eine für die selektive Aufmerksamkeit ungünstige Strategie der Aufgabenbearbeitung zu einem scheinbaren Vorteil wurde (siehe Abb. 11).

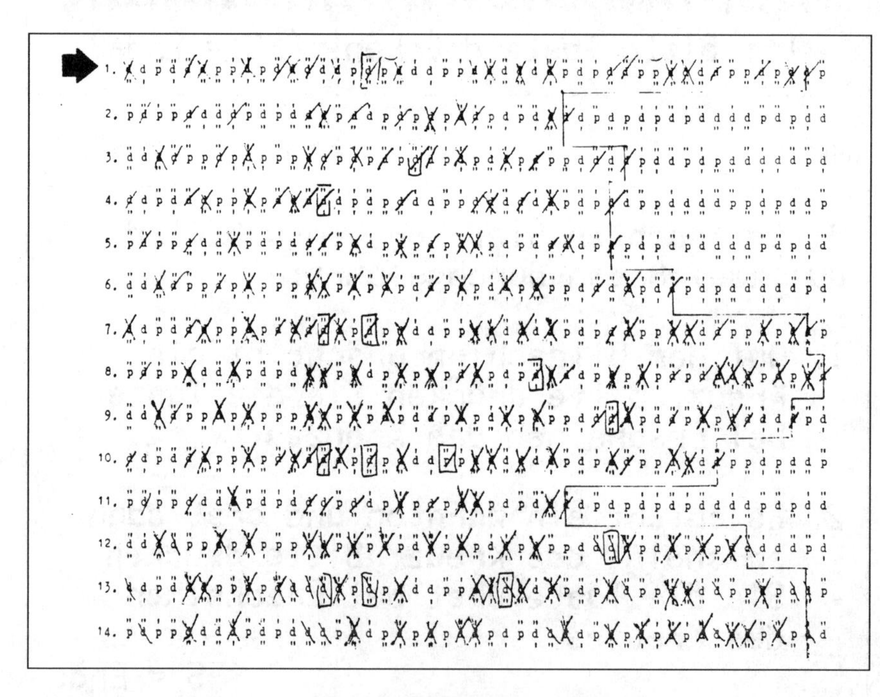

Abbildung 11

Beispiel einer übereilten und fehlerhaften Bearbeitung des Tests „d2" von einem Jugendlichen mit einem Frontalhirn-Syndrom (aus Heubrock & Petermann, 2000, S. 276) (Erläuterung: Nachträglich durch ein „X" gekennzeichnete Zeichen wurden „übersehen", durch ein □ markierte Zeichen wurden falsch angestrichen; die Fehlerquote beträgt insgesamt 29,9 %)

Anleitung zum Test

Ihre Aufgabe wird darin bestehen, in einer Liste von runden Zeichen jene zu finden, welche innen entweder einen

„Kreis mit 3 Punkten" ⊙ bzw. ⊙

oder ein **„Quadrat mit 2 Punkten"** ▣ bzw. ▣ zeigen.

Die Bearbeitung des Testbogens geschieht folgendermaßen: Sie beginnen am linken Blattrand bei dem angedeuteten Stift ✎ und ziehen eine Linie unter den Zeichen nach rechts. Immer wenn Sie einen „Kreis mit 3 Punkten" oder ein „Quadrat mit 2 Punkten" finden, ziehen Sie von unten einen Zacken in das Zeichen hinein, unter den anderen Zeichen ziehen Sie die Linie einfach vorbei. Die Linie ist genauso wichtig wie die Zacken.

Eine richtig bearbeitete Zeile sollte etwa so aussehen:

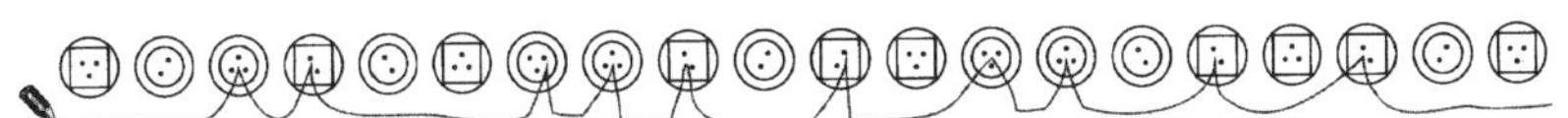

Die Linie soll deutlich unter den Zeichen verlaufen und die Zacken sollen deutlich in die Zeichen hineinragen. Die folgenden Bearbeitungen sollten Sie deshalb vermeiden:

Zacken nicht erkennbar

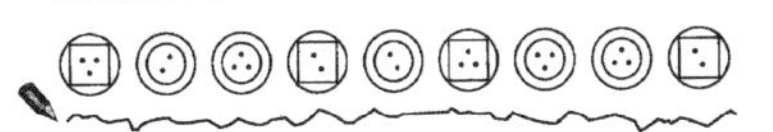

Zacken daneben

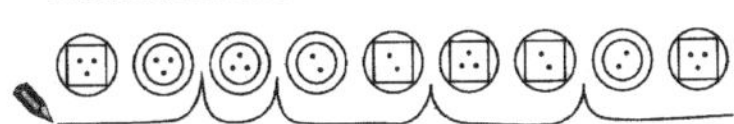

Die Linie muß stets bei ✎ beginnen und durchgehend bis zum letzten Zeichen gezogen werden. Auch sollen keine nachträglichen Verbesserungen vorgenommen werden. Die folgenden Bearbeitungen sollten Sie deshalb vermeiden:

Linie unterbrochen und unvollständig

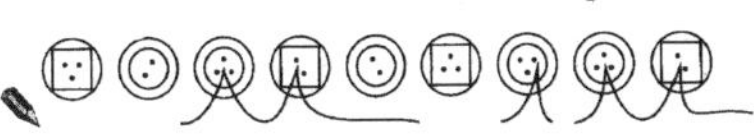

Bearbeitung nachgebessert

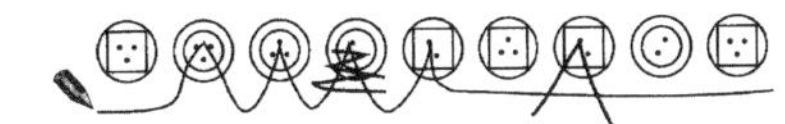

Bearbeiten Sie bitte nun die Übungszeile auf der nächsten Seite. Der Kasten oberhalb der Zeile dient der Erinnerung, welche Zeichen Sie finden und durch Zacken markieren sollen:

Abbildung 12
Beispiel-Items aus dem FAIR: Die Vorgabe („Quadrat mit 2 Punkten")
kann bei einem lern- oder geistig behinderten Jugendlichen zu Irritationen führen
(„Was ist noch 'mal ein Quadrat?")

Alltagsnähe des Testmaterials beachten

– Sowohl bei geistig oder lernbehinderten Kindern als auch bei zurückgezogen lebenden Erwachsenen oder bei älteren Menschen kann die *Ver-*

trautheit mit dem Untersuchungsmaterial (Alltagsnähe) das Ergebnis der Aufmerksamkeitsdiagnostik entscheidend bestimmen. Auch kindgerecht gestaltetes Testmaterial wird von vielen gesunden Erwachsenen nicht ernstgenommen, während umgekehrt computer-unerfahrene Menschen sich nur schwer auf eine computergestützte Untersuchung einstellen können. In beiden Fällen kann die Befürchtung, dem Untersuchungsmaterial oder dem Medium nicht gewachsen zu sein, zu einem verminderten Gefühl der Selbstwirksamkeit und somit auch zu reduzierten Testleistungen führen (siehe Abb. 12).

4 Verfahren zur Erfassung gestörter Aufmerksamkeit

Die verschiedenen Erscheinungsformen und Ursachen von Aufmerksamkeitsstörungen sind mit bestimmten Vorentscheidungen bei der Auswahl der diagnostischen Prozeduren verknüpft. Ebenso müssen mögliche komorbide Störungen bei der Diagnosestrategie beachtet werden. Die nachfolgende Zusammenstellung soll für die wichtigsten Aufmerksamkeitskomponenten die Vor- und Nachteile wichtiger und bekannter Erhebungsverfahren darstellen und an Beispielen veranschaulichen.

4.1 Selektive Aufmerksamkeit

Die meisten Aufmerksamkeitstests und vor allem solche mit einer langen, oft sogar jahrzehntealten Tradition erfassen die selektive oder fokussierte Aufmerksamkeit (vgl. Tab. 11). Einige Testverfahren wie der sehr bekannte, 1962 erstmalig veröffentlichte Aufmerksamkeits-Belastungstest d2

Viele Tests erfassen die selektive Aufmerksamkeit

Tabelle 11
Testverfahren zur selektiven oder fokussierten Aufmerksamkeit

Test d2, FAIR	Durchstreichtests	Kurzfristige visuelle Fokussierung der Aufmerksamkeit
Untertest „Go/NoGo" der TAP	Schnelle Reaktion auf zwei von fünf visuellen Mustern	Selektive Aufmerksamkeit (visuell)
Wahlreaktionsaufgabe am Wiener Reaktionsgerät (WTS)	Schnelle Reaktion auf eine festgelegte auditiv-visuelle Reizkombination	Selektive Aufmerksamkeit (auditiv-visuell)
Wiener Determinationsgerät (WTS)	Schnelle Reaktion auf verschiedene Farb- und Tonreize	Selektive Aufmerksamkeit (auditiv-visuell) mit Reiz-/Reaktionsselektion
Farbe-Wort-Interferenz-Test	Schnelles Benennen der zur Wortbedeutung inkompatiblen Druckfarbe eines Farbwortes	Interferenzneigung

(Brickenkamp, 1994) lassen im Testtitel noch keineswegs erkennen, daß sie primär oder sogar ausschließlich die selektive Aufmerksamkeit erfassen. Oft gewinnt der Diagnostiker den Eindruck, daß es sich um ein Testverfahren handelt, das die Aufmerksamkeit als Gesamtkonzept zu messen vermag. Die häufige Operationalisierung von Aufmerksamkeitstests als Aufgaben mit Anforderungen an die selektive Aufmerksamkeit hat sicher auch testökonomische Gründe: Aufgaben zur meist tempogebundenen Selektion von kritischen und nicht-kritischen Reizen lassen sich nur kurzfristig durchführen, ohne unzumutbar zu werden. Sie stellen jedoch andere Anforderungen an den Probanden. Die zu untersuchende Person muß schnell sein können und uneingeschränkt über diejenige Sinnesmodalität verfügen, in der die Aufmerksamkeitsfokussierung gefordert ist. Dies kann umgekehrt zu einer Benachteiligung von Personen führen, die entweder psychomotorisch verlangsamt, antriebsgestört, körper- oder sehbehindert sind. Die meisten Testverfahren zur selektiven Aufmerksamkeit bedienen sich der visuellen Sinnesmodalität. Auch für diese Präferenz kommen in erster Linie testpraktische Erwägungen in Frage, da sich die visuelle selektive Aufmerksamkeit problemlos als Papier- und Bleistift-Test darstellen läßt, während zur akustischen Aufmerksamkeitsfokussierung technische Hilfsmittel wie Computer mit Soundkarte, Tonbänder oder andere Abspielgeräte erforderlich sind. Ein Nachteil der Bevorzugung visueller Tests zeigt sich vor allem bei älteren Menschen. Hier zeigten empirische Untersuchungen, daß sich eine altersbedingte Abnahme der selektiven Aufmerksamkeit vor allem in der auditiven Sinnesmodalität niederschlägt, das heißt, daß ältere Menschen durch auditive Störreize stärker abgelenkt werden und mit der räumlichen Ortung von Geräuschquellen zunehmend Probleme bekommen (siehe Kapitel 2).

Tempo und intakte Wahrnehmung/ Motorik gefordert

Meist nur visuelle Prüfung möglich

Beispiel: Der Test „d2"

Aufgrund seiner weiten Verbreitung soll als Beispiel für einen *visuellen Papier- und Bleistifttest* zur selektiven Aufmerksamkeit der Aufmerksamkeits-Belastungstest d2 näher betrachtet werden. Dieser Test besteht aus 14 Zeilen mit jeweils 47 ähnlich aussehenden Buchstaben („d" und „p"). In jeder Zeile sind unter Zeitdruck – das heißt in jeweils 20 Sekunden – die als kritische Reize definierten Symbole, die „d" mit genau zwei Strichen, herauszufinden und durchzustreichen (siehe hierzu erneut Abb. 9 und 10). Alle nicht-kritischen Symbole, das heißt alle „p" und „d" mit weniger oder mehr als zwei Strichen, dürfen nicht markiert werden.

Verschiedene Kennwerte der Aufmerksamkeitsleistung

Beim Test „d2" werden als Parameter der Testleistung berechnet:
- die Gesamtzahl aller bearbeiteten Symbole (GZ),
- die Fehlerzahl (F bzw. F%),
- als Ergebnis der Subtraktion beider Werte die Gesamtzahl der richtig bearbeiteten Symbole (GZ-F),
- die Schwankungsbreite (SB) als Differenz zwischen der niedrigsten und höchsten Bearbeitungsmenge und

- seit der letzten Auflage auch ein Konzentrationsleistungswert (KL) als Differenz zwischen den richtig erkannten kritischen Zeichen („d“ mit genau zwei Strichen) und den Verwechslungsfehlern.

Hierbei quantifiziert die Gesamtzahl der bearbeiteten Zeichen (GZ) das Arbeitstempo, das heißt dieser Parameter erfaßt keine Aufmerksamkeitsleistung, sondern eine mögliche Störvariable. Die selektive Aufmerksamkeit läßt sich zum einen an der Fehlerzahl oder -quote (F bzw. F %) und am Verhältnis von Leistungsmenge und Fehlerzahl (GZ-F) erkennen. Der in der bisher letzten (achten) Auflage des Tests neu eingeführte Kennwert KL als weiteres Qualitätsmaß soll mögliche Verfälschungstendenzen durch eine regelwidrige übereilte Testdurchführung erfassen und reflektiert die heftige Kritik an älteren Auflagen des Aufmerksamkeits-Belastungstests, derzufolge das Qualitätsmaß GZ-F schnell und fehlerhaft arbeitende Probanden bei der Auswertung bevorzugt und damit zu Fehlinterpretationen führen kann (Brickenkamp, 1991; Oehlschlägel & Moosbrugger, 1991).

Einschränkungen vieler Durchstreichtests

Es besteht kein Zweifel daran, daß der Aufmerksamkeits-Belastungstest die kurzfristige selektive Aufmerksamkeit unter visuellen Bedingungen erfaßt. Einschränkungen ergeben sich
- zum einen aus der Beschränkung auf die visuelle Sinnesmodalität und
- aus der Tempoabhängigkeit der Testleistung,
- zum anderen aus dem Testmaterial, das angesichts der sehr kleinen Symbole eine gute visuelle Sehfähigkeit voraussetzt und
- angesichts der Ähnlichkeit der verwendeten Symbole („d“ und „p“) eine Legasthenie ausschließt sowie
- aus einigen fehlenden oder ungenügenden Testgütekennwerten und
- unzureichenden Normen, vor allem für ältere Menschen (vgl. hierzu Eser, 1987; Fay & Stumpf, 1995; Fimm, 1998).

Diejenigen Einschränkungen, die sich nicht direkt auf die Testgütekennwerte und die Normierung des Test „d2“ beziehen, gelten natürlich auch für alle übrigen Testverfahren mit vergleichbaren Konstruktionsprinzipien (vgl. hierzu Kasten 10).

Beispiel: Go/No-Go aus der TAP

Als Beispiel für einen *computergestützten visuellen Test* zur selektiven Aufmerksamkeit soll nun der Untertest Go/No-Go aus der Testbatterie zur Aufmerksamkeitsprüfung (TAP; Zimmermann & Fimm, 1993) vorgestellt werden (vgl. Kasten 11).

Das Go/No-Go-Prinzip in der Aufmerksamkeitsdiagnostik: Cerebrale Bahnung und Hemmung

Die Beziehung des Go/No-Go-Prinzips zur Diagnostik der selektiven Aufmerksamkeit besteht darin, daß hierbei eine Reaktions-Selektion vollzogen werden muß. Diese Anforderung ist der visuellen Diskrimination unter Zeitdruck, wie sie auch im Test „d2“ gefordert ist, sehr ähnlich, durch eine computergestützte Darbietung wird es jedoch zusätzlich möglich, schnell

Kasten 10

Papier- und Bleistifttest zur visuellen selektiven Aufmerksamkeit aus der Testbatterie für medizinische Studiengänge (aus Fay & Stumpf, 1995, S. 386)

> Bei diesem Test soll ihre Fähigkeit, rasch, sorgfältig und konzentriert zu arbeiten, gemessen werden.
> Hier sehen sie dreimal den Buchstaben b:
>
> b b b
>
> Jedes b ist mit zwei Querstrichen versehen, die entweder beide unten, beide oben oder je einer unten und oben angebracht sind. Diese Buchstaben b mit zwei Querstrichen sind eingestreut unter b mit einem, drei oder vier Querstrichen sowie unter q mit einem oder mehreren Querstrichen.
>
> Ihre Aufgabe besteht nun darin, innerhalb der Bearbeitungszeit möglichst alle b zu markieren, die zwei Querstriche aufweisen. In der folgenden Beispielszeile müßten Sie also das 1., 4., 6., 8., 9., 11 und 13. Zeichen markieren.
>
> b b q b q b b b b q b q b q
>
> Sie markieren alle b, die zwei Querstriche aufweisen, gleichgültig, wo diese Querstriche angebracht sind. Sie dürfen kein b markieren, das einen, drei oder vier Querstriche aufweist.
>
> Sie dürfen kein q markieren, gleichgültig, wie viele Querstriche es aufweist.
>
> Auf dem nächsten Blatt finden Sie 20 Zeilen mit gleichartigen Aufgaben. Arbeiten Sie jeweils bis zum Ende einer Zeile und beginnen Sie unaufgefordert sofort vorn in der nächsten Zeile; tun Sie das solange, bis das Zeichen zum Aufhören gegeben wird.
>
> Arbeiten Sie so schnell, aber auch so sorgfältig wie möglich; die Zahl der fälschlich angestrichenen und der fälschlich nicht angestrichenen Zeichen wird von der Gesamtzahl der richtigerweise markierten Zeichen abgezogen.

(im Millisekundenbereich) ablaufende Selektionsprozesse zu erfassen und die Reaktion auf jeden einzelnen Reiz genau zu beurteilen.

In der TAP ist das Go/No-Go-Prinzip unter zwei verschiedenen Bedingungen realisiert. In beiden Fällen soll immer nur dann mit einem Tastendruck reagiert werden, wenn ein zuvor gelernter kritischer Reiz auf dem Monitor

Kasten 11

Das Go/No-Go-Prinzip

> Das Go/No-Go-Prinzip wird in der experimentellen und klinischen Neuropsychologie benutzt, um Bahnungs- und Hemmungsprozesse zu untersuchen. Hierbei wird der Proband aufgefordert, bei bestimmten Reizen sofort zu reagieren („Go“, Bahnung) und bei anderen nicht zu reagieren („No-Go“, Hemmung). Menschen mit Störungen der selektiven Aufmerksamkeit oder mit exekutiven Störungen zeigen hierbei vermehrt Fehlreaktionen unter der No-Go-Bedingung, das heißt sie können zuvor gebahnte impulsive Handlungen nicht rechtzeitig hemmen.

des PC erscheint („Go“-Bedingung), es darf nicht reagiert werden, wenn ein nicht-kritischer Reiz zu sehen ist („No-Go“-Bedingung). Der Unterschied zwischen den beiden möglichen Testbedingungen besteht in der Menge des Reizmaterials:

Unterschiedliche Komplexität: 1 aus 2 oder 2 aus 5

- Unter der ersten Bedingung werden die Reaktionszeiten und Fehler unter einfachen Go/No-Go-Bedingungen erfaßt, bei der in 40 Durchgängen aus zwei zuvor gezeigten Mustern („x“ und „+“) immer nur bei dem nachfolgenden Auftreten des kritischen Reizes („+“) reagiert werden darf, beim Auftreten des nicht-kritischen Reizes („x“) jedoch nicht. Diese Bedingung wird daher auch „1-aus-2“-Bedingung genannt.
- Unter der zweiten Bedingung sollen in 50 Durchgängen aus fünf Quadraten mit unterschiedlichen Mustern Reaktionen nur beim Auftreten der beiden zuvor als kritisch definierten Reize gezeigt werden. In jedem Entscheidungsdurchgang erscheint, wie auch unter der ersten Bedingung, zu einem Zeitpunkt jeweils nur eines der fünf möglichen Muster („2-aus-5“-Bedingung, siehe Abb. 13).

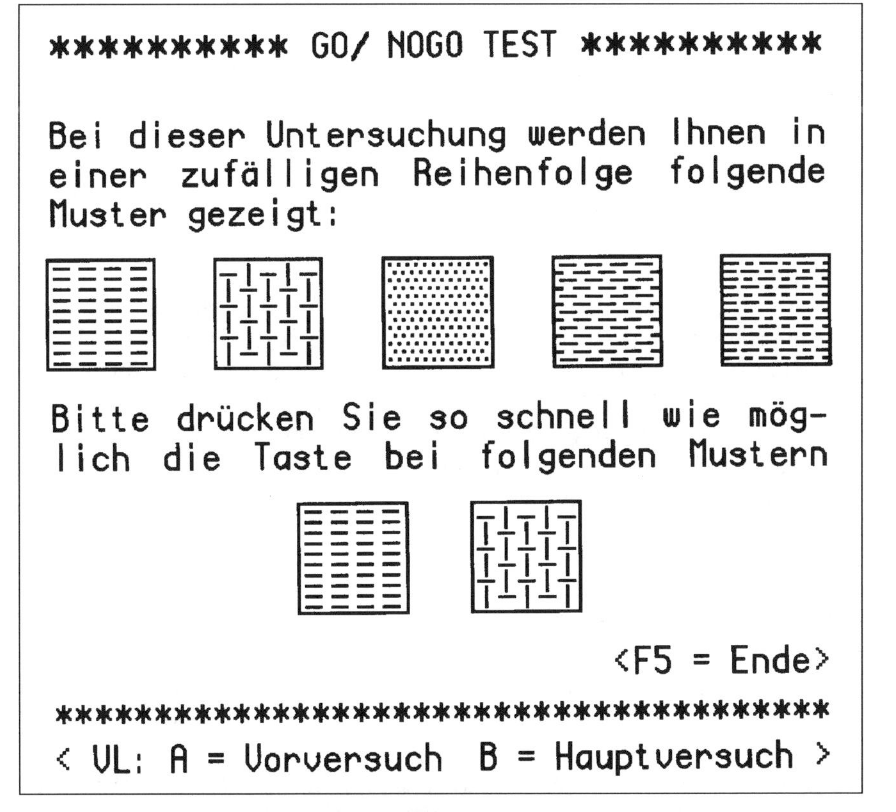

Abbildung 13
Go/No-Go-Untertest aus der TAP („2-aus-5“-Bedingung)

Die ebenfalls computergestützte Auswertung erfolgt unter den Aspekten
- der Reaktionsschnelligkeit (Median, Mittelwert und Streuung der Reaktionszeiten) sowie
- der Fähigkeit zur selektiven Aufmerksamkeit (Anzahl der richtigen Reaktionen und der Fehler). Bei den Fehlern werden zudem
- falsche Reaktionen (mißlungene Hemmung, es wurde bei einem nichtkritischen Reiz reagiert) und
- Auslassungen (mißlungene Bahnung, es wurde bei einem kritischen Reiz nicht reagiert)

unterschieden (siehe Tab. 12).

Tabelle 12
Auszug aus der Gesamtauswertung des Untertests „Go/No-Go" der TAP
(12jähriger Junge mit Verdacht auf Störung der Impulskontrolle)

Meßgröße	Wert	Prozentrang
Mittelwert	548.24 msec	–
Standardabweichung	58.81 msec	PR = 93
Median	526.00 msec	PR = 88
Richtige	21	–
Auslassungen	0	–
Fehlreaktionen	4	PR = 3

Beispiel: Impulskontrollstörung durch mißlingende Hemmung

Das Beispiel des 12jährigen Jungen, bei dem ein übereiltes und dabei fehlerhaftes Reagieren unter vielen Alltagsbedingungen bekannt war, zeigt eine überdurchschnittlich zuverlässige und schnelle Reaktionsbereitschaft, jedoch eine erhöhte Anzahl an Fehlreaktionen. Während dem Jungen die Bahnung von schnellen Reaktionen sehr gut gelingt (keine Auslassungen), versagt bei ihm ausschließlich die Hemmung motorischer Reaktionen (4 Fehlreaktionen), so daß hier von einer Impulskontrollstörung (ICD-10-Klassifikation: F 90.0) auszugehen ist.

4.2 Geteilte Aufmerksamkeit

Die Diagnostik der geteilten Aufmerksamkeit ist sehr komplex

Die Erfassung der Aufmerksamkeitsteilung spiegelt eine sehr komplexe Alltagsleistung wider und stellt daher auch höhere Anforderungen an geeignete Untersuchungsverfahren. Anders als bei der selektiven Aufmerksamkeit erfordert die Aufmerksamkeitsteilung das gleichzeitige Wahrnehmen und Beachten von Reizquellen in mindestens zwei unterschiedlichen Sinnesmodalitäten, zumeist der optischen und der akustischen. In einigen

Fällen läßt sich die Erfassung der Aufmerksamkeitsteilung auf eine Sinnesmodalität beschränken, wobei eine weitere Reizquelle oder eine zusätzliche kognitive Aufgabe in der gewählten Sinnesmodalität zur Beurteilung erforderlich ist (siehe Tab. 13).

Tabelle 13

Testverfahren zur geteilten Aufmerksamkeit

PASAT	Addieren von Zahlen	Geteilte Aufmerksamkeit (auditiv), Arbeitsgedächtnis (exekutiv)
Untertest „geteilte Aufmerksamkeit" der TAP	Gleichzeitiges Beachten einer visuellen und einer auditiven Reizfolge	Geteilte Aufmerksamkeit (visuell-auditiv)

PASAT: unimodale Aufmerksamkeitsteilung

Das Prinzip der unimodalen Aufmerksamkeitsteilung wurde in der Paced Auditory Serial Addition Task (PASAT; Gronwall, 1977) realisiert. Hierbei handelt es sich um eine auditive Aufgabe zur Erfassung der geteilten Aufmerksamkeit, bei der die Zahlen von 1 bis 9 in unregelmäßiger Reihenfolge vorgelesen werden. Die zu untersuchende Person erhält den Auftrag, die jeweils letztgenannte Zahl zur vorausgegangenen Zahl zu addieren und das Ergebnis laut zu nennen. Dieses Ergebnis muß aber sofort wieder vergessen werden, da die nächste vorgelesene Zahl erneut zur vorausgegangenen Zahl – und nicht zum laut genannten Zwischenergebnis – addiert werden soll.

Arbeitsgedächtnis und Rechenfertigkeit sind gefordert

Um diese Aufgabe bewältigen zu können, sind neben der Fähigkeit zur Aufmerksamkeitsteilung auch Anforderungen an das Arbeitsgedächtnis und natürlich auch an die Rechenfertigkeit zu erfüllen. Daher erfaßt die PASAT nicht ausschließlich die geteilte (unimodale) Aufmerksamkeit, so daß sich im Einzelfall Probleme der diagnostischen Beurteilung oder auch Einschränkungen in der Anwendbarkeit dieser Aufgabe zur Aufmerksamkeitsdiagnostik ergeben können.

TAP: crossmodale Aufmerksamkeitsteilung

Im Unterschied zur PASAT ermöglicht der Untertest „Geteilte Aufmerksamkeit" der TAP (Zimmermann & Fimm, 1993) die Diagnostik der sogenannten *cross-modalen* geteilten Aufmerksamkeit, das heißt sie erfordert das simultane Beachten einer optischen und einer akustischen Reizquelle. Diese in Testversion C (Quadrate und Töne) gegebene Anforderung verlangt von der zu untersuchenden Person, den PC-Monitor nach einem festgelegten optischen Muster abzusuchen und gleichzeitig auf eine bestimmte Tonsequenz in einer Abfolge hoher oder tiefer Töne zu achten (vgl. Abb. 14).

Sowohl die visuellen Muster als auch die Töne verändern sich in einem recht schnellen Rhythmus über die festgelegte Anzahl (100 Muster und 100

**** Versuch zur geteilten Aufmerksamkeit ****

Sie haben bei diesem Versuch 2 Aufgaben.

1. Aufgabe:
Sie sehen auf dem Bildschirm ein Feld, in dem abwechselnd mehrere Kreuze gleichzeitig aufleuchten. Wenn vier dieser Kreuze ein kleines Quadrat bilden, dann drücken Sie bitte so schnell wie möglich auf die Taste.

****

< VL: Bitte Taste drücken! (F5 = Ende) >

Beispiel:

```
x  •  x  •

x  •  x  x

•  •  x  x

•  x  •  •
```

****

< VL: Bitte Taste drücken! (F5 = Ende) >

```
** Versuch zur geteilten Aufmerksamkeit **
2. Aufgabe:
In dieser Aufgabe hören Sie abwechselnd
einen hohen und einen tiefen Ton. Sie
sollen entdecken, wenn der gleiche Ton
zweimal hintereinander zu hören ist.
Bitte drücken Sie dann so schnell wie
möglich auf die Taste.

Ihre Aufgabe ist es also, gleichzeitig
auf Quadrate und Töne zu achten.
                                <F5 = Ende>
****************************************
< VL: A = Vorversuch   B = Hauptversuch >
```

Abbildung 14
Untertest „Geteilte Aufmerksamkeit" aus der TAP (Testversion C: Quadrate und Töne)

Tonfolgen) und verlangen vom Probanden eine stetige Aufmerksamkeitsteilung und eine schnelle Reaktion durch einen Tastendruck bei jedem kritischen Reiz.

Die Auswertung ermöglicht eine modalitätsbezogene Analyse

Die Auswertung des Untertests „Geteilte Aufmerksamkeit" aus der TAP bezieht sich auf Median, Mittelwert und Streuung der Reaktionszeiten sowie als Parameter der geteilten Aufmerksamkeit auf die Anzahl richtiger, falscher und ausgelassener Reaktionen. Diagnostisch bedeutsam ist die Möglichkeit, neben der Gesamtzahl an Fehlern und Auslassungen auch eine nach Modalitäten getrennte Auswertung vorzunehmen (siehe Tab. 14).

Beispiel: Modalitätsspezifische Störung der geteilten Aufmerksamkeit

Die Auswertung in Tabelle 14 weist für die untersuchte Person eine für die Altersnorm zu hohe Fehlerzahl aus, die sich auf beide Sinnesmodalitäten gleichmäßig verteilt. Ein derartiges Ergebnis spricht für eine modalitätsunabhängige allgemeine Störung der geteilten Aufmerksamkeit.

Vor allem bei Kindern mit Teilleistungsstörungen, aber auch bei erwachsenen Personen mit umschriebenen Hirnschädigungen findet sich hier oft eine ungleiche Verteilung der Auslassungen, das heißt der übersehenen oder

Tabelle 14
Auszug aus der Gesamtauswertung des Untertests „Geteilte Aufmerksamkeit" der TAP (58jährige Probandin mit toxischer Encephalopathie)

Meßgröße	Wert	Prozentrang
Reaktionen gesamt (Quadrate und Töne)		
Mittelwert	782.82 msec	–
Standardabweichung	229.03 msec	PR = 54
Median	745.00 msec	PR = 16
Richtige Antworten	23	–
Auslassungen	7	PR = 3
Reaktionen auf Quadrate		
Mittelwert	878.08 msec	
Standardabweichung	212.78 msec	
Median	802.00 msec	
Richtige Antworten	13	
Auslassungen	3	
Reaktionen auf Töne		
Mittelwert	659.10 msec	
Standardabweichung	194.28 msec	
Median	609.50 msec	
Richtige Antworten	10	
Auslassungen	4	

überhörten Reize, auf die beiden Sinnesmodalitäten. Eine Ungleichverteilung der Auslassungen kann eine modalitätsspezifische Wahrnehmungs- oder Verarbeitungsstörung anzeigen. In diesem Fall sind wiederum zwei Möglichkeiten differentialdiagnostisch zu unterscheiden:

- Zum einen kann die untersuchte Person eine Verarbeitungsstörung in derjenigen Sinnesmodalität aufweisen, in der die höhere Anzahl an Auslassungen vorkommt; dies kann bei Schwerhörigkeit oder peripheren Sehstörungen, aber auch bei hirnorganisch verursachten Teilleistungsstörungen der Fall sein (vgl. Tab. 15).
- Zum anderen kann der Proband aber auch eine modalitätsspezifische Störung durch eine vermehrte Aufmerksamkeit auf Reize der gestörten Sinnesmodalität kompensieren und hierbei ungewollt eine erhöhte Anzahl an Auslassungen in der ungestörten Modalität produzieren.

Beispiel: Modalitätsspezifische Störung der geteilten Aufmerksamkeit

Auch in diesem Fall zeigt die untersuchte Person, ein 8jähriges Mädchen mit einem Tourette-Syndrom, eine im Vergleich zur Altersnorm zu hohe Gesamtfehlerzahl. Anders als im vorausgegangenen Beispiel offenbart sich

Tabelle 15
Auszug aus der Gesamtauswertung des Untertests „Geteilte Aufmerksamkeit" der TAP (8jähriges Mädchen mit Tourette-Syndrom)

Meßgröße	Wert	Prozentrang
Reaktionen gesamt (Quadrate und Töne)		
Mittelwert	934.95 msec	–
Standardabweichung	433.32 msec	PR = 16
Median	870.50 msec	PR = 40
Richtige Antworten	22	–
Auslassungen	11	PR = 0
Reaktionen auf Quadrate		
Mittelwert	1269.00 msec	
Standardabweichung	478.20 msec	
Median	1331.00 msec	
Richtige Antworten	9	
Auslassungen	8	
Reaktionen auf Töne		
Mittelwert	703.69 msec	
Standardabweichung	185.75 msec	
Median	693.00 msec	
Richtige Antworten	13	
Auslassungen	3	

hier jedoch eine deutliche *Ungleichverteilung* der Auslassungen auf die beiden Sinnesmodalitäten: Die Patientin hat mehr als doppelt so viele optische Reize übersehen als sie akustische Reize überhört hat. Ferner läßt auch ein Vergleich der Mittelwerte und Mediane der Reaktionszeiten beider Sinnesmodalitäten eine Störung der visuellen Informationsverarbeitung erkennen.

4.3 Daueraufmerksamkeit/Vigilanz

Testverfahren zur Daueraufmerksamkeit und Vigilanz erfordern lange Untersuchungszeiten

Testverfahren zur Erfassung der Daueraufmerksamkeit und der Vigilanz unterscheiden sich natürlich im Hinblick auf die Häufigkeit des Vorkommens kritischer Reize (Daueraufmerksamkeit: häufiges Vorkommen; Vigilanz: sehr seltenes Vorkommen), ihnen ist jedoch gemeinsam, daß sie die Aufmerksamkeit der zu untersuchenden Person über einen *langen Zeitraum* erfassen müssen. Dies ist auch einer der Gründe dafür, daß sich diese wichtige Aufmerksamkeitskomponente kaum in Form von Papier- und Bleistifttests darstellen läßt. Eine der wenigen Ausnahmen ist der Revidierte Konzentrations-Leistungs-Test (KLT-R; Lukesch & Mayrhofer, in Vorbereitung), der aber aufgrund des Testmaterials (Rechenaufgaben) durch eine überlagernde kognitive Anforderung (Rechnen) kontaminiert ist (siehe Tab.16).

Tabelle 16
Testverfahren zur Daueraufmerksamkeit/Vigilanz

Test „Daueraufmerksamkeit" des WTS	Längerfristige (20 Min.) Beobachtung der räumlichen Ausrichtung von Dreiecken, Reaktion auf kritische Reize mit hoher Auftretenswahrscheinlichkeit	Daueraufmerksamkeit (visuell)
Test „Vigilanztest" des WTS	Reaktion auf selten auftretende Sprünge eines bewegten Lichtreizes	Vigilanz (visuell)
Revidierter Konzentrations-Leistungs-Test (KLT-R)	9 Blöcke mit jeweils 20 Rechenaufgaben in zwei verschiedenen Schwierigkeitsstufen	Daueraufmerksamkeit (visuell)
Untertest „Vigilanz" der TAP	Reaktion auf selten auftretende Unregelmäßigkeiten in einer Tonfolge oder in Lichtbalkenbewegungen	Vigilanz (visuell oder auditiv)

Computergestützte Untersuchungen haben Vorteile

Aufgaben zur Daueraufmerksamkeit oder Vigilanz lassen sich am besten computertechnisch umsetzen, da auf diese Weise die erforderliche Monotonie über einen langen Zeitraum aufrechterhalten und durch verschiedene Programmversionen eine Messung in verschiedenen Sinnesmodalitäten ermöglicht werden kann.

Beispiel TAP: Variable Testdurchführung möglich

Als Beispiel für ein variabel gestaltetes Testverfahren zur Erfassung dieser Aufmerksamkeitskomponente soll hier der Untertest „Vigilanz optisch/akustisch" aus der TAP dargestellt werden, der aus vier Grundversionen mit frei wählbarer (hoher oder niedriger) Frequenz der kritischen Reize und der Untersuchungsdauer (mindestens 10 Minuten, höchstens 60 Minuten) besteht:

Akustischer Vigilanztest

- Der akustische *Vigilanztest* bietet abwechselnd hohe und tiefe Töne dar und legt das Aufeinanderfolgen von zwei gleichen Tönen als kritischen Reiz fest, wobei zwischen zwei verschieden langen Intervallen zwischen den einzelnen Tönen (1 Sekunde oder 1 1/2 Sekunden) gewählt werden kann (siehe Abb. 15).

- Beim *optischen Vigilanztest* besteht die Auswahl zwischen zwei Testversionen: Bei der ersten Version („springendes Quadrat") springt ein Gittermuster in zwei übereinander liegenden Quadraten hin und her, wobei eine Unregelmäßigkeit im Alternieren des Musters zwischen oberem und unterem Quadrat erkannt werden muß. Bei der zweiten Testversion („vertikal bewegter Balken") pendelt ein Balken mit wechselnder Amplitude auf und ab. Hier soll auf einen erkennbar größeren Balkenausschlag nach oben mit einem Tastendruck reagiert werden.

Optischer Vigilanztest

- Der *optisch-akustische Vigilanztest* bietet Töne und Buchstaben dar. Als kritische Reize sind das Aufeinanderfolgen entweder eines hohen Tones und eines nachfolgenden „E" oder eines tiefen Tones und eines darauf folgenden „N" definiert.

Optisch-akustischer Vigilanztest

```
********* Vigilanzuntersuchung *********

Bei der folgenden Untersuchung sind
hintereinander hohe und tiefe Töne zu
hören wie: Di Da Di Da Di Da.

Ihre Aufgabe ist es, eine unregel-
mäßigkeit in der Tonfolge zu entdecken
wie z.B. Di Da Da Di oder Da Di Di Da.
Bitte drücken Sie so schnell wie möglich
auf die Taste vor Ihnen!
                                F5 = Ende
****************************************
< VL: A = Vorversuch  B = Hauptversuch >
```

Abbildung 15
Vigilanztest aus der TAP (akustische Testversion)

Ein entscheidender Vorteil aller Testversionen besteht darin, daß sie durch die Wahl einer hohen oder niedrigen Frequenz, das heißt einem häufigen oder seltenen Auftreten der jeweiligen kritischen Reize, eine Untersuchung sowohl der Daueraufmerksamkeit als auch der Vigilanz oder auch beider Aufmerksamkeitskomponenten ermöglichen. Auf diese Weise läßt sich die differentialdiagnostische Aussagefähigkeit der Aufmerksamkeitsdiagnostik

Variable Reizfrequenz: Daueraufmerksamkeit oder Vigilanz

erhöhen oder auch eine Begrenzung der Testung im Hinblick auf eine umschriebene Fragestellung vornehmen. Eine Gegenüberstellung der Testergebnisse unter Vigilanz- und Daueraufmerksamkeitsbedingungen könnte beispielsweise erforderlich werden, wenn ein Proband bei länger dauernden beruflichen Anforderungen versagt, selbst jedoch nicht beschreiben kann, ob die Leistungseinbußen von der Monotonie oder vom Abwechslungsreichtum der Tätigkeit beeinflußt werden. Eine Begrenzung auf einen einzelnen modalitätsspezifischen Vigilanztest wäre dagegen im Rahmen einer arbeitsmedizinischen Untersuchung möglich, wenn geprüft werden soll, ob der Proband einer Tätigkeit als Qualitätskontrolleur am Fließband eines Autoteileherstellers noch gewachsen ist.

5. Anwendungen

5.1 Primäre Aufmerksamkeitsstörung

Bei dem 9jährigen Oliver zeigten sich bereits sehr früh erste Anzeichen eines Hyperkinetischen Syndroms. Die Mutter berichtete, daß Oliver schon im Säuglingsalter äußerst lebhaft gewesen sei und sich ständig in Bewegung befunden hätte. Im Kindergarten sei er sehr unruhig gewesen, er habe nie über eine längere Zeit hinweg mit einem Spielzeug oder mit anderen Kindern gespielt, sondern stets neue Anregungen gesucht und immer wieder neue Spiele begonnen und schnell beendet. Oliver habe zwar immer gern den Kontakt zu anderen Kindern gesucht, er sei aber von den Spielkameraden meist nach kurzer Zeit als zu anstrengend und unruhig empfunden worden, so daß er nie längere Freundschaften gehabt habe. Es habe

Der Fall Oliver: schon als Säugling unruhig und lebhaft

Soziale Probleme im Kindergarten

Tabelle 17
Auszüge aus einem Verhaltensfragebogen (den Olivers Klassenlehrerin kurz vor der psychologischen Untersuchung ausgefüllt hatte)

	nein/selten	manchmal	oft
Konzentration gestört			X
Ablenkbarkeit erhöht			X
Verträumt/Tagträumer	X		
Arbeitstempo verlangsamt	X		
Benötigt Hilfestellung		X	
Führt Tätigkeiten zu Ende	X		
Erledigt Aufträge gewissenhaft		X	
Klassenkasper			X
Bewegungsunruhe			X
Stört leicht		X	
Hält Grenzen ein		X	
Hält sich an Spielregeln		X	
Kann warten, bis aufgerufen	X		
Redet dazwischen			X

auch oft Auseinandersetzungen und kleinere Rangeleien mit anderen Kindern gegeben, die meist durch Olivers Unruhe und Impulsivität ausgelöst worden seien.

Unaufmerksamkeit und schwankende Leistungen in der Schule

Aus der Schule wurde über tagesformabhängige Leistungen berichtet, wobei Olivers generelle Leistungsfähigkeit als altersdurchschnittlich eingeschätzt wurde. Er habe Schwierigkeiten mit dem Lesen, weil er meist zu hastig spreche und daher oft nicht richtig zu verstehen sei. Er könne Gedichte oder Geschichten nicht gut auswendig lernen, weil er nicht konzentriert zuhöre und viel zu schnell und dadurch fehlerhaft lese. Beim Essen oder bei den Hausaufgaben könne er nicht über längere Zeit stillsitzen, er stehe dann immer wieder auf und beschäftige sich mit anderen Dingen. Oliver sei extrem leicht ablenkbar. Er reagiere auf jeden äußeren Reiz (Geräusche, vorbeigehende Personen, Hintergrundgespräche), unterbreche die gerade begonnene Tätigkeit dann sofort und müsse erst einmal nachsehen oder sich in Gespräche einmischen (siehe Tab. 17).

Bewegungsdrang und leichte Ablenkbarkeit zu Hause

Hinweise auf eine Aufmerksamkeitsstörung schon in den ersten Schulzeugnissen

Die zum Erstgespräch mitgebrachten Schulzeugnisse bestätigen die beschriebene Unruhe und Aufmerksamkeitsstörung durchgehend (siehe Kasten 13).

Kasten 13
Auszüge aus Olivers Schulzeugnissen

Klasse 1: Oliver hatte anfangs große Probleme in der Aufmerksamkeitshaltung. Mit seiner lebhaften, kontaktfreudigen Art ist er ein beliebter Spielkamerad. Im Sportunterricht war Oliver einsatzfreudig, ausdauernd und schnell. Manchmal versuchte er, die Spielregeln zu umgehen.

Klasse 2: Oliver hat immer noch Probleme, sich an die Regeln des Schulalltags zu halten. Auseinandersetzungen in der Pause oder am Schulbus konnte er bisweilen nicht vemeiden. Er muß auch noch lernen, Gesprächsregeln einzuhalten.

Klasse 3: Im Fach Kunst hat Oliver noch immer Mühe, sorgfältig und genau zu arbeiten. In Religion hat sich Oliver lebhaft zu Rollenspielen gemeldet. Oliver sollte sich weiterhin im lauten Vorlesen und im freien Schreiben von Texten üben. Der Lesevortrag ist noch nicht fließend. Beim Formulieren von Geschichten unterlaufen ihm noch viele Fehler. Oliver muß noch lernen, besser zuzuhören.

Klasse 4: Oliver muß lernen, seine Hausaufgaben sorgfältiger zu erledigen. Er hält sich nur schwer an die Regeln des Zusammenlebens und ist häufig in Auseinandersetzungen verwickelt.

Aufgrund der seit langem bestehenden Probleme und des unverändert schwankenden Leistungsbildes in der Schule wurde von Seiten des Kinderarztes, der die Diagnose eines Aufmerksamkeitsdefizitsyndroms mit Hyperaktivität gestellt hatte, eine pharmakologische Behandlung mit Ritalin® erwogen. Zuvor sollte jedoch eine psychologische Untersuchung die Diagnose absichern und mögliche Teilleistungsstörungen ausschließen. Eine augenärztliche und eine HNO-ärztliche Untersuchung hatten keinen Befund ergeben.

Ärztliche Diagnose: Aufmerksamkeitsdefizitsyndrom mit Hyperaktivität

Die neuropsychologische Diagnostik ergab bei Oliver zunächst eine altersgerechte Intelligenz (IQ = 97), eine zum Teil weit überdurchschnittliche Merk- und Lernfähigkeit sowie keinerlei Einschränkungen in Wahrnehmung, räumlich-konstruktiven Funktionen, psychomotorischem Tempo und sprachlichen Fähigkeiten. Die Diagnose eines Aufmerksamkeitsdefizitsyndroms konnte jedoch bestätigt und in seiner individuellen Ausprägung näher eingegrenzt werden:

Keine Intelligenzminderung und keinerlei Teilleistungsstörungen

- Oliver verfügte über eine weit überdurchschnittlich schnelle *Aufmerksamkeitsaktivierung (tonische Alertness),* die sich in ausgesprochen schnellen Reaktionszeiten auf einfache Licht- und Tonreize ausdrückte. Auch die Reaktionsgeschwindigkeit bei allen übrigen zeitabhängigen Aufmerksamkeitstests fiel überdurchschnittlich aus.

Überdurchschnittlich schnelle Reaktionsbereitschaft

- Die schnelle Reaktionsbereitschaft führte bei Oliver jedoch zu einer deutlich erhöhten Fehlerzahl, da er mögliche Fehlreaktionen nicht rechtzeitig hemmen konnte. So lag die Qualität der Leistung in den TAP-Untertests *„geteilte Aufmerksamkeit"* und *„intermodaler Vergleich"* weit unter dem Altersdurchschnitt und zwischen den schnellen Reaktionszeiten und der Fehlerzahl im Bereich der *selektiven Aufmerksamkeit* (Go/No-Go-Prinzip) lagen fast drei Standardabweichungen. Auch das Reagieren auf eine vorher festgelegte visuell-akustische Reizkombination (Wahlreaktionen) als zusätzlicher Test zur selektiven Aufmerksamkeit konnte Oliver zwar schnell, aber nur mit einer erhöhten Fehlerzahl bewältigen.

Viele Fehler bei der geteilten und selektiven Aufmerksamkeit

Zusammengefaßt zeigt sich bei Oliver auch in der neuropsychologischen Untersuchung das typische Bild einer Aufmerksamkeitsstörung mit hyperkinetischer Komponente. Da sich auch ungünstige Auswirkungen in Olivers Sozialverhalten nachweisen lassen, ist als ICD-10-Diagnose eine *hyperkinetische Störung des Sozialverhaltens* (F 90.1) zu kodieren. Wichtig war hier, daß die von Lehrern und Eltern vermutete normale Intelligenz bestätigt und mögliche Teilleistungsstörungen, die ebenfalls zu Schulleistungsproblemen führen können, ausgeschlossen werden konnten.

Aufmerksamkeitsstörung und Hyperaktivität als Diagnose gesichert

5.2 Sekundäre Aufmerksamkeitsstörung (bei Teilleistungsstörung)

Der Fall Michael: Risikofaktoren in der frühen Entwicklung

Im Unterschied zu Oliver war die frühkindliche Entwicklung des 10jährigen Michael durch zahlreiche medizinische Risikofaktoren belastet. Bereits früh zeigte sich eine fehlende Gewichtszunahme und später eine Anämie, eine Lymphdrüsenentzündung und eine durchgebrochene Mittelohrentzündung, die im Krankenhaus behandelt werden mußte. Michael hatte mehrere kleinere Unfälle mit Kopfverletzungen und im siebten Lebensjahr einen Sturz aus dem ersten Stockwerks eines Rohbaus erlitten, bei dem er frontal mit dem Kopf auf dem Boden aufgeschlagen war.

Lesen und Schreiben von Beginn an schwierig

Nach einer weitgehend unauffälligen Kindergartenzeit zeigten sich erste Leistungsstörungen erstmalig nach der Einschulung. Michael machte von Beginn an viele Rechtschreibfehler, vor allem bei Dehnungs- und Doppellauten sowie bei der Groß- und Kleinschreibung. Beim Lesen verrutschte Michael oft in der Zeile und er las Wörter vollkommen falsch oder ließ ganze Wörter aus. Michael zeigte ein ungleichmäßiges Schriftbild, es fiel ihm schwer, die Zeilen einzuhalten und es kam gehäuft zu Zahlenklappungen („3“ = „E“) und -drehern („23“ = „32“). Michael verwechselte auch im vierten Schuljahr noch die Rechenrichtungen (Addition/Subtraktion und Multiplikation/Division). Aus der Schule wurde berichtet, daß Michael leicht ablenkbar und mit den Gedanken oft abwesend sei. Er könne sich weder längere Anweisungen noch mehr als drei Dinge gleichzeitig merken und es gelinge ihm kaum, Aufsätze zu gliedern und in seinem Zimmer Ordnung zu halten.

Aufmerksamkeitsstörungen kommen hinzu

Aufgrund der erheblichen schriftsprachlichen Auffälligkeiten erhielt Michael in der dritten Klasse zunächst Förderunterricht (siehe Kasten 14).

Kasten 14

Förderbericht der Schule

Mit fortschreitendem Leselehrgang zeigten sich bei Michael zunächst Schwierigkeiten, alle Buchstaben zu erkennen und die richtigen Laute zuzuordnen. In der 3. Klasse kann er fremde Texte meist selbständig erlesen, braucht aber viel Zeit und hat Probleme, den Sinn zu erfassen und ausdrucksvoll vorzulesen. Bei Schreibübungen und Malaufträgen waren von Anfang an Störungen im feinmotorischen Bereich zu erkennen. Die Schrift ist unregelmäßig, seine Arbeiten enthalten viele Streichungen. Die größten Schwierigkeiten treten inzwischen bei schriftlichen Aufgaben und Nachschriften auf. Michael benötigt individuelle Hilfen bei Arbeitsanweisungen und bei der Rechtschreibung. Erhält er diese nicht, versucht er vielfach, sich den Aufgaben zu entziehen.

Michael war beim Schuleintritt ein fröhlicher Junge mit gutem Sozialverhalten. (...) In der 3. Klasse tauchen jetzt häufig Probleme im Umgang mit Mitschülern auf. (...) Hausaufgaben sind ihm verhaßt. (...) Ohne zusätzliche individuelle Förderung im Fach Deutsch sind zunehmende soziale Auffälligkeiten und psychische Schäden zu befürchten.

Verschiedene Hilfsangebote bleiben erfolglos, das unaufmerksame Verhalten nimmt sogar zu

Trotz des Förderunterrichts, individueller Hilfestellungen in der Schulklasse und reduzierter Anforderungen während der Klassenarbeiten kam Michael in der Schule nicht zurecht. Sein unaufmerksames und oft als störend empfundenes Verhalten nahm in den nächsten Monaten weiter zu. Daraufhin wurde Michael in einem Institut für Legasthenie-Therapie vorgestellt und untersucht. Der Persönlichkeitsfragebogen für Kinder (PFK) ergab eine überdurchschnittliche emotionale Erregbarkeit und Gefühle von Leistungsschwäche, Unsicherheit und Angst vor Leistungsversagen; ein Fragebogen zu den Verhaltensmerkmalen Unaufmerksamkeit, Hyperaktivität und Impulsivität nach den Kriterien des DSM-IV erbrachte die Diagnose einer Aufmerksamkeitsstörung mit Hyperaktivität. Bei der schulleistungsbezogenen Überprüfung zeigte sich eine ausgeprägte Legasthenie, die auf eine Entwicklungsverzögerung im Bereich der auditiven Teilleistungen zurückgeführt wurde. Eine Intelligenzdiagnostik wurde jedoch nicht durchgeführt.

Neuropsychologische Diagnostik

Nachdem auch die Legasthenie-Therapie keine wesentliche Besserung der schriftsprachlichen Leistungen bewirkt hatte und das unaufmerksame und hyperaktive Verhalten sogar noch weiter zugenommen hatte, veranlaßte die Kinderärztin eine neuropsychologische Untersuchung.

Altersgerechte Intelligenz

Störungen der visuellen Objekt- und Raumwahrnehmung

Die testpsychologische Diagnostik ergab eine zwar insgesamt altersdurchschnittliche Gesamtintelligenz (IQ = 98), es fiel jedoch eine deutliche Diskrepanz zwischen den deutlich besseren verbalen Intelligenzleistungen (Verbal-IQ = 113) und den unterdurchschnittlichen handlungsbezogenen Intelligenzleistungen (Handlungs-IQ = 84) auf. Ein daraufhin durchgeführter zweiter Intelligenztest mit ausschließlich visuell-anschaulichen Anforderungen bestätigte mit einem ebenfalls unterdurchschnittlichen Abschneiden den Verdacht visuell-handlungsbezogener Teilleistungsstörungen (IQ = 78). Die weitere Untersuchung offenbarte dann beträchtliche Störungen der visuellen Objekt- und Raumwahrnehmung und eine schwere räumlich-konstruktive Störung, in deren Folge Michael weder Größennoch Raumverhältnisse einschätzen und annähernd richtig wiedergeben noch von Hilfspunkten und -linien profitieren konnte. Die neuropsychologische Untersuchung der Aufmerksamkeit erbrachte folgende Ergebnisse:

- Im Bereich der *Aufmerksamkeitsaktivierung* fand sich bei Michael lediglich eine Verzögerung der optischen Reaktionszeiten. Die akustischen Reaktionszeiten waren sogar überdurchschnittlich gut, so daß von einer modalitätsspezifischen Störung der tonischen Alertness auszugehen war.

- Michaels Fähigkeit zur *Aufmerksamkeitsteilung* war überhaupt nicht beeinträchtigt; in dieser wichtigen Aufmerksamkeitsfunktion lag die Reaktionsschnelligkeit und die Streuung der Reaktionszeiten sowie die Qualität der Leistung mindestens im Altersdurchschnitt.
- Lediglich im Bereich der *selektiven Aufmerksamkeit* (Go/No-Go-Prinzip) fiel eine zu hohe Anzahl an Fehlern und Auslassungen auf. Hierbei war aber zu berücksichtigen, daß der computergestützte Test die selektive Aufmerksamkeit ausschließlich in der visuellen Modalität erfaßt, so daß auch hier von einer modalitätsspezifischen Aufmerksamkeitsstörung auszugehen war.

Michaels Lernstörungen sind modalitätsspezifisch

Die Abhängigkeit der Leistungsfähigkeit von der jeweiligen Sinnesmodalität zeigte sich auch in weiteren Testverfahren, so etwa zur Merk- und Lernfähigkeit. Auch hier schnitt Michael beim Behalten visueller Informationen schlecht, beim Erinnern gehörter sprachlicher Informationen jedoch altersdurchschnittlich ab. Besonders eindrucksvoll war auch der Vergleich von zwei Schreibproben: Das Abschreiben eines vorgegebenen Textes, das heißt das Schreiben unter ständiger visueller Kontrolle, enthielt genauso viele Fehler wie eine Schreibprobe nach Diktat, beim Abschreiben war das Schriftbild sogar noch deutlich ungleichmäßiger und schlechter lesbar.

Fazit: Es liegt keine primäre Aufmerksamkeitsstörung vor

Aufmerksamkeitsdiagnostik muß immer mehrdimensional sein

Zusammenfassend zeigt sich bei Michael, daß seine Leistungsfähigkeit eindeutig von der geforderten Sinnesmodalität abhängt. Die im Laufe der Untersuchung immer deutlicher werdende Teilleistungsstörung spiegelt sich auch in den Aufmerksamkeitstests wider: Nur die Aufmerksamkeit für visuelle Reize (tonische Alertness und selektive Aufmerksamkeit) ist gestört, eine generelle Aufmerksamkeitsstörung liegt nicht vor. Dieses Ergebnis ist natürlich erstaunlich, da die Untersuchung im Legasthenie-Institut eine Entwicklungsverzögerung im Bereich der auditiven Teilleistungen und eine Aufmerksamkeitsstörung mit Hyperaktivität ergeben hatte. Dieser Befund war aber leicht als Artefakt zu erkennen, da hier ausschließlich gemischte Tests mit auditiven und visuellen Anforderungen angewandt wurden und sich die Diagnose der Aufmerksamkeitsstörung nur auf einen Fragebogen als einzige Informationsquelle stützte.

5.3 Sekundäre Aufmerksamkeitsstörung (bei Hochbegabung)

Der Fall Malte: Unaufmerksamkeit ohne Hyperaktivität

Bei dem 9 1/2jährigen Malte standen Verhaltensbesonderheiten und eine Aufmerksamkeitsstörung für mehrere Jahre im Vordergrund, bis seine

Hochbegabung eher zufällig entdeckt wurde. Der Vorschlag zu einer psychologischen Untersuchung ging von einem Hals-Nasen-Ohren-Arzt aus, der wegen der Aufmerksamkeitsstörungen ebenfalls konsultiert worden war, jedoch keine Hörstörung finden konnte und eine gründliche neuropsychologische Untersuchung veranlaßte.

Frühe Verhaltensbesonderheiten

Im Erstgespräch berichtete Maltes Mutter, daß ihr Sohn sich zunächst verzögert entwickelt hatte. Malte hatte zwar schon mit elf Monaten laufen, jedoch erst mit zwei Jahren sprechen können; zuvor hatte er sich mit Gesten und Lauten verständlich gemacht. Nachdem Malte mit 3 1/2 Jahren in den Kindergarten gekommen war, fielen erste schwerwiegende Verhaltensstörungen auf: Malte verweigerte die Gruppenarbeit, den morgendlichen Stuhlkreis und das gemeinsame Essen, beschäftigte sich dagegen lieber alleine mit Konstruktionsspielzeug und Zeichengerät. Im Kindergarten fiel auf, daß Malte stundenlang vor sich hinträumte und seine Umgebung dabei überhaupt nicht wahrnahm. Er fühlte sich durch Ansprache sichtlich gestört und galt daher als unaufmerksames Kind, allerdings ohne hyperkinetische Verhaltensmerkmale. Auch zu Hause beschäftigte sich Malte am liebsten stundenlang mit technischen Konstruktionen. Er baute aus Kabeln, Steckdosen und anderen Materialien komplizierte Maschinen, fertigte hierzu Konstruktionszeichnungen und Skizzen zur Funktionsweise an und beherrschte schwierige Regelspiele für Erwachsene auf Anhieb. Malte konnte schon vor der Einschulung flüssig lesen und las am liebsten Technik-, Umwelt- und Tierbücher.

Im Kindergarten „träumt“ Malte vor sich hin

Lesen vor der Einschulung

In der Schule zeigten sich von Beginn an Probleme mit dem Schreiben. Malte beachtete die Hilfslinien nicht, schrieb außerordentlich schnell und ließ hierbei häufig Buchstaben, Wörter und sogar ganze Satzteile aus. Malte war schnell verzweifelt, wenn er eine Aufgabe nicht sofort durchschauen konnte und weinte dann schnell. In seiner Freizeit beschäftigte sich Malte stundenlang mit Computerzeichenprogrammen und Computerspielen; er besuchte einen Jugendschachclub und nahm regelmäßig an Wettkämpfen teil, wobei er stets hervorragend abschnitt und zahlreiche Urkunden, Medaillen und Pokale mit nach Hause brachte. Malte schien nur dann vollkommen zufrieden zu sein, wenn er seinen eigenen Gedanken nachgehen und sich allein beschäftigen konnte. Sowohl beim Essen oder bei gemeinsamen Unternehmungen in der Familie als auch in der Schule zog sich Malte in seine eigene Welt zurück. Er „vergaß“ dabei seine Umgebung vollständig, reagierte auch auf Ansprache nur widerwillig und hörte im Unterricht nicht zu (siehe Tab. 18).

Ungeduld beim Schreiben, stundenlanges Zeichnen und Konstruieren

Hörstörung und Epilepsie ausgeschlossen

Nachdem die vermutete Hörstörung und auch eine Absence-Epilepsie für die beobachtete Unaufmerksamkeit ausgeschlossen werden konnte, wurde eine eingehende neuropsychologische Untersuchung durchgeführt. Hierbei erbrachten die beiden durchgeführten Intelligenztests übereinstimmend

Tabelle 18
Auszüge aus einem Verhaltensfragebogen (den Maltes Eltern kurz vor der psychologischen Untersuchung ausgefüllt hatten; handschriftliche Ergänzungen waren von den Eltern spontan angemerkt worden)

	nein/selten	manchmal	oft
Konzentration gestört			X
Ablenkbarkeit erhöht	X		
Verträumt/Tagträumer			X
Arbeitstempo verlangsamt	X		
Benötigt Hilfestellung	X		
Führt Tätigkeiten zu Ende			X *Vor allem, wenn es ihn interessiert*
Erledigt Aufträge gewissenhaft		X	
Klassenkasper	X		
Bewegungsunruhe	X		
Stört leicht	X *Malte ist uns eher zu unauffällig*		
Hält Grenzen ein		X	
Hält sich an Spielregeln		X	
Kann warten, bis aufgerufen			X *Er meldet sich nie von selbst*
Redet dazwischen	X		

Intelligenz im Bereich der Hochbegabung (IQ > 130)

weit überdurchschnittliche Testergebnisse im Bereich der Hochbegabung (IQ = 136 bzw. 134). Malte schnitt bei den handlungsgebundenen Aufgaben, die seinen technischen Neigungen in besonderer Weise entsprachen, sogar noch etwas besser ab (Handlungs-IQ = 142). Auch Maltes Leistungen in den übrigen untersuchten kognitiven Funktionen (Merk- und Lernfähigkeit, räumliches Vorstellungsvermögen, schnelles Erkennen von Zusammenhängen) lagen oft weit oberhalb der Altersnorm und die aus der Vorgeschichte bekannte hastige Schreibweise zeigte sich in der Diagnostik in Form eines weit überdurchschnittlichen Schreibtempos. Die Aufmerksamkeitsdiagnostik ergab folgende Ergebnisse:

Gute Aufmerksamkeitsaktivierung

- Malte zeigte eine gut altersdurchschnittliche bis überdurchschnittliche *Aufmerksamkeitsaktivierung* in beiden Sinnesmodalitäten, so daß sein „Träumen" in der Schule nicht auf ein Problem der *tonischen Alertness* zurückzuführen war.

- Auch im Bereich der *selektiven Aufmerksamkeit* fanden sich keine Beeinträchtigungen. Hier ergab ein computergestützter Test zur Messung der Reaktionen auf eine zuvor festgelegte auditiv-visuell Reizkombination (Wahlreaktionen) ein altersgerechtes Tempo und eine fehlerfreie Durchführung. Auch die schnelle Reaktion auf zwei von fünf visuellen Mustern (Go/No-Go-Prinzip) erbrachte überaus schnelle Reaktionszeiten bei fehlerloser Bewältigung. Ein weiterer Test zur selektiven Aufmerksamkeit, der als Kontrast gezielt als Durchstreichtest („d2") durchgeführt wurde, erbrachte sogar eine weit überdurchschnittliche Tempoleistung, zeigte aber auch eine zwar altersgerechte, jedoch im Vergleich zum Tempo geringere Leistungsqualität, das heißt eine vergleichsweise hohe Fehlerzahl (siehe Tab. 19).

Gute selektive Aufmerksamkeit, aber: etwas mehr Fehler, wenn Schreibmotorik gefordert ist

Tabelle 19

Maltes Ergebnisse im Test „d2"

	RW	%	PR	SW
GZ	387	–	99,2	124
F	25	6,5	42	–
GZ-F	362	–	99,5	124

Anmerkung:

RW = Rohwert, PR = Prozentrang, SW = Standardwert, GZ = Gesamtzahl aller bearbeiteten Zeichen, F = Fehleranzahl, GZ-F = Gesamtzahl der richtig bearbeiteten Zeichen.

- Die ebenfalls untersuchte Fähigkeit zur *Aufmerksamkeitsteilung*, die wiederum computergestützt als gleichzeitiges Beachten einer visuellen und einer auditiven Signalkombination (TAP) geprüft wurde, ergab keine Beeinträchtigungen. Hier erzielte Malte bei schneller und zuverlässig gleichbleibender Reaktionsgeschwindigkeit eine weit überdurchschnittliche Qualität, das heißt er übersah keine der relevanten Reizkombinationen.

Geteilte Aufmerksamkeit: schnell, zuverlässig und fehlerfrei

Zusammengefaßt konnte durch die psychologische Untersuchung bei Malte eine zuvor nicht bekannte und auch bisher nicht vermutete Hochbegabung entdeckt werden. Die Aufmerksamkeitsdiagnostik zeigte, daß Malte auch hier – allerdings mit einer interessanten Ausnahme – in allen Aufmerksamkeitskomponenten sehr gut abschnitt. Lediglich bei gleichzeitigen Anforderungen an das Schreibtempo kam es vermehrt zu Fehlern, wie sie auch aus der Schule berichtet worden waren. Maltes Befragung hierzu ergab, daß es ihm schwerfiel, sein langsameres Schreibtempo den wesentlich schnelleren Denkprozessen anzupassen. Er beschrieb sehr anschaulich, daß er immer wieder versucht hatte, genauso schnell zu schreiben wie ihm „Gedanken in den Kopf kamen"; dies gelang ihm aber nie, sein Schriftbild wur-

Maltes Aufmerksamkeitsproblem: Ungleichzeitigkeit von Denken und Schreiben

de hierdurch nur immer unleserlicher und die Auslassungen und Fehler nahmen zu.

5.4 Aufmerksamkeitsstörung im Alter

Der Fall Herr P.: zunehmende Gedächtnis- und Aufmerksamkeitsstörungen

Herr P. war 71 Jahre alt, als er erstmalig psychologisch untersucht wurde. Die Untersuchung war durch einen niedergelassenen Neurologen veranlaßt worden, den Herr P. wegen anhaltender Kopfschmerzen und ständig zunehmender Gedächtnis- und Aufmerksamkeitsstörungen aufgesucht hatte. Die neurologische Untersuchung hatte keine Hinweise auf eine depressive Verstimmung oder andere psychiatrische Auffälligkeiten ergeben und auch die Ableitung der Hirnströme (EEG) war ohne Befund geblieben. Daraufhin führte der Neurologe als Demenz-Screening die Testverfahren *Kurztest zur Erfassung von Gedächtnis- und Aufmerksamkeitsstörungen* (SKT) und den *Test für cerebrale Insuffizienz* (C.I.) durch, die übereinstimmend den Verdacht auf eine leichte kognitive Störung und das Vorliegen einer hirnorganischen Veränderung erbrachten.

EEG ohne Befund, Demenz-Screening leicht auffällig

Aus der Vorgeschichte war eine seit mehreren Jahren bestehende Schwerhörigkeit beider Ohren und eine Sehstörung erwähnenswert, die nach einer Embolie des rechten Auges vor sechs Jahren eingetreten war. Herr P. war bis zu seiner Berentung im 65. Lebensjahr als Fabrikarbeiter tätig gewesen. Seine Frau war vor einigen Jahren verstorben. Herr P. erhielt regelmäßig Besuch von seinem Sohn und widmete sich seit seiner Berentung seinem großen Garten, in dem er auch Gemüse anbaute.

Weitgehend normale Anamnese

Herr P. reiste zur psychologischen Untersuchung in seinem eigenen PKW an. Bei Doppelaufgaben und Mehrfachanforderungen zeigte sich eine deutliche Überforderung in einer stetig zunehmenden Gesichtsrötung. Herr P. äußerte bei komplexeren Aufgaben auch spontan „da muß man sich doch sehr konzentrieren." Nach etwa zweieinhalb Stunden gab Herr P. erstmalig beginnende Kopfschmerzen im rechten Stirnbereich an, die nach einer weiteren halben Stunde erneut zugenommen hatten und anschließend gleichbleibend bestehenblieben. Insgesamt war Herr P. sehr an der Untersuchung interessiert und um ein gutes Abschneiden bemüht. Er wirkte jedoch körperlich und mimisch etwas starr und unbeweglich sowie bei allen Handlungen etwas verlangsamt.

Verhaltensbeobachtung: Überforderung bei komplexen Aufgaben

Die Intelligenz ist altersgerecht

Zunächst wurde mit Herrn P. ein sprach- und zeitdruckfreier Intelligenztest durchgeführt, der eine exakt altersgerechte allgemeine Intelligenz (IQ = 100) ergab. Auf diese Weise konnte eine fortgeschrittene Demenz ausgeschlossen und ein wichtiger Ankerpunkt (Bezugssystem) zur Beurteilung der nachfolgenden Testergebnisse gewonnen werden.

Aufgrund der Vorgeschichte wurden bei Herrn P. verschiedene Aufmerksamkeitsparameter erhoben, die folgende Befunde ergaben:

- Im Bereich der *Aufmerksamkeitsaktivierung (Alertness)* fanden sich verzögerte Reaktionen auf optische Signale und eine soeben noch grenzwertige akustische Reaktionsgeschwindigkeit. Bei Herrn P. war also von einer Störung der tonischen Alertness auszugehen.

Störung der tonischen Alertness

- Zur Prüfung der *selektiven Aufmerksamkeit* wurden die Wahlreaktionen gemessen, die eine schnelle Reaktion auf eine vorher festgelegte visuell-auditive Reizkombination verlangen. Hier zeigte sich eine ganz erhebliche Verlangsamung. Auch ein zweiter Test zur selektiven Aufmerksamkeit, der Untertest „Go/No-Go" der TAP, ergab eine ausgeprägte Verzögerung und bekräftigte somit eine deutliche Störung dieser wichtigen Aufmerksamkeitskomponente.

Störung der selektiven Aufmerksamkeit

- Als weiterer Parameter wurde auch die *geteilte Aufmerksamkeit* mit Hilfe des gleichnamigen Untertests der TAP gemessen. Diese Aufgabe erfordert das gleichzeitige Beachten einer visuellen und einer auditiven Signalfolge und ergab bei Herrn P. nicht nur ein stark verlangsamtes Reaktionstempo und eine zu stark schwankende Reaktionsgeschwindigkeit (Streuung), sondern auch eine weit erhöhte Fehlerzahl. Da sich die Fehler auf beide Sinnesmodalitäten gleichmäßig verteilten, war hier von einer modalitätsunabhängigen, allgemeinen Störung der geteilten Aufmerksamkeit auszugehen.

Störung der geteilten Aufmerksamkeit

Neben den beschriebenen Aufmerksamkeitsstörungen fanden sich bei Herrn P. auch deutliche Einschränkungen der Merkfähigkeit, die allerdings modalitätsspezifisch waren. Während Herrn P. das Behalten gehörter sprachlicher Information altersgerecht gelang, versagte er dagegen in der visuell-figuralen Merkfähigkeit nahezu vollständig. Als Ursache hierfür konnte eine Beeinträchtigung des räumlichen Vorstellungsvermögens eindeutig ausgeschlossen werden, da Herr P. hier wiederum vollkommen altersnormentsprechend abschnitt.

Umschriebene Störung der visuell-figuralen Merkfähigkeit

Zusammengefaßt konnte die psychologische Untersuchung bei Herrn P. die aus dem Alltag beschriebenen Aufmerksamkeits- und Gedächtnisstörungen bestätigen. Es zeigten sich Störungen der tonischen Alertness, der selektiven und der geteilten Aufmerksamkeit sowie eine umschriebene Merkfähigkeitsstörung bei derzeit noch altersentsprechender allgemeiner Intelligenz. Aufgrund der Befunde war bei Herrn P. differentialdiagnostisch an eine neurodegenerative Erkrankung mit überwiegend fronto-basalen und fronto-temporalen Hirnfunktionsstörungen zu denken. Hier wäre insbesondere an einen Morbus Pick oder eine Frontallappen-Atrophie vom non-Alzheimer-Typ zu denken (vgl. Kessler & Kalbe, 2000), die zu ähnlichen Beschwerden und Befunden führen können, wie sie sich bei Herrn P. gezeigt haben.

Die Befunde deuten auf eine neurodegenerative Erkrankung hin

Literatur

Abels, D. (1974). *Konzentrations-Verlaufs-Test (KVT; 2.,* verb. Aufl.). Göttingen: Hogrefe.

Allport, D. A. (1980). Attention and performance. In G. Claxton (Ed.), *Cognitive psychology – new directions* (pp. 112–153). London: Routledge & Kegan Paul.

American Academy of Child and Adolescent Psychiatry (1995). Practice parameters for the psychiatric assessment of children and adolescents. *Journal of the American Academy of Child and Adolescent Psychiatry, 34,* 1386–1402.

Ansorge, I., Roth, N., Ansorge, S., Wallesch, C.-W. & Herrmann, M. (1998). Aufmerksamkeitsfunktionen und Immunstatus bei Kindern mit einem ADHD (Attention Deficit Hyperactivity Disorder). *Zeitschrift für Neuropsychologie, 9,* 139–147.

Arbeitsgruppe Deutsche Child Behavior Checklist (2000). *Elternfragebogen für Klein- und Vorschulkinder (CBCL 1½–5).* Köln: Arbeitsgruppe Kinder-, Jugend- und Familiendiagnostik.

Baddeley, A. & Weiskrantz, L. (Eds.) (1993). *Attention: Selection, awareness, and control.* Oxford: Clarendon Press.

Bäumler, G. (1985). *Farbe-Wort-Interferenztest (FWIT).* Göttingen: Hogrefe.

Bakker, K. & Anderson, V. (1999). Assessment of attention following pre-school traumative brain injury: a behavioural attention measure. *Pediatric Rehabilitation, 3,* 149–157.

Barkley, R. A. (1990). *Attention deficit hyperactivity disorder: A handbook for diagnosis and treatment.* Hove: Guilford.

Baving, L., Laucht, M. & Schmidt, M. H. (1999). Atypical frontal brain activation in ADHD: Preschool and elementary school boys and girls. *Journal of the American Academy of Child and Adolescent Psychiatry, 38,* 1363–1371.

Ben-Yishay, Y., Piasetzky, B. B. & Rattok, J. (1987). A systematic method for ameliorating disorders in basic attention. In M. J. Meier, A. L. Benton & L. Diller (Eds.), *Neuropsychological rehabilitation* (pp. 165–181). Edinburgh: Churchill-Livingstone.

Brickenkamp, R. (1991). Fehlinterpretationen von Testleistungen? Anmerkungen zum Beitrag „Konzentrationsleistung ohne Konzentration?“ *Diagnostica, 37,* 52–57.

Brickenkamp, R. (1994). *Test d2. Aufmerksamkeits-Belastungs-Test* (8. Aufl.). Göttingen: Hogrefe.

Broadbent, D. E. (1958). *Perception and communication.* London: Pergamon.

Broadbent, D. E. (1971). *Decision and stress.* New York: Academic Press.

Cahn, D. A. & Marcotte, A. C. (1995). Rates of forgetting in attention deficit hyperactivity disorder. *Child Neuropsychology, 1,* 158–163.

Cerella, J. (1990). Aging and information-processing rate. In J.E. Birren & K.W. Schaie (Eds.), *Handbook of the psychology of aging* (pp. 201–221). San Diego: Academic Press.

Cherry, E. C. (1953). Some experiments on the recognition of speech, with one and with two ears. *Journal of the Acoustical Society of America, 25,* 975–979.

Cohen, R. A. (1993). *The neuropsychology of attention.* New York: Plenum.

Cowan, N. (1995). *Attention and memory. An integrated framework.* New York: Oxford University Press.

Craik, F. I. M. & Jennings, J.M. (1992). Human memory. In F. I. M. Craik & T. A. Salthouse (Eds.), *The handbook of aging and cognition* (pp. 51–110). Hillsdale: Erlbaum.

Crossley, M. & Hiscock, M. (1992). Age-related differences in concurrent-task performance of normal adults: Evidence for a decline in processing resources. *Psychology and Aging, 7,* 499–506.
De Haas, P. A. (1986). Attention styles and peer relationships of hyperactive and normal boys and girls. *Journal of Abnormal Child Psychology, 14,* 457–467.
Deutsch, J. A. & Deutsch, D. (1963). Attention: Some theoretical considerations. *Psychological Review, 70,* 80–90.
Deutsche Gesellschaft für Kinder- und Jugendpsychiatrie und Psychotherapie, Berufsverband der Ärzte für Kinder- und Jugendpsychiatrie und Psychotherapie in Deutschland, Bundesarbeitsgemeinschaft der leitenden Klinikärzte für Kinder- und Jugendpsychiatrie und Psychotherapie (2000). *Leitlinien für Diagnostik und Therapie, Kinder- und Jugendpsychiatrie und -psychotherapie.* Köln: Deutscher Ärzte-Verlag. Internet: www.uni-duesseldorf.de/www/awmf.
DeWolfe, N. A., Byrne, J. M. & Bawden, H. N. (1999). Early assessment of attention. *Clinical Neuropsychologist, 13,* 458–473.
Döpfner, M. (2000). Hyperkinetische Störungen. In F. Petermann (Hrsg.), *Lehrbuch der Klinischen Kinderpsychologie und -psychotherapie* (S. 151–186; 4., vollst. überarb. u. erw. Aufl.). Göttingen: Hogrefe.
Döpfner, M., Berner, W., Flechtner, H., Lehmkuhl, G. & Steinhausen, H.-C. (1999). *Psychopathologisches Befund-System für Kinder und Jugendliche (CASCAP-D): Befundbogen, Glossar und Explorationsleitfaden.* Göttingen: Hogrefe.
Döpfner, M., Berner, W., Fleischmann, T. & Schmidt, M. H. (1993). *Verhaltensbeurteilungsbogen für Vorschulkinder (VBV).* Weinheim: Beltz.
Döpfner, M. & Lehmkuhl, G. (2000). *Diagnostik-System für Psychische Störungen im Kindes- und Jugendalter nach ICD–10 und DSM-IV (DISYPS-KJ)* (2. korr. u. ergänzte Aufl.). Bern: Huber.
Döpfner, M., Lehmkuhl, G., Heubrock, D. & Petermann, F. (2000). *Diagnostik psychischer Störungen im Kindes- und Jugendalter.* Göttingen: Hogrefe.
Döpfner, M., Lehmkuhl, G. & Roth, N. (1996). Kombinationstherapien. *Kindheit und Entwicklung, 5,* 118–123.
Döpfner, M., Schürmann, S. & Fröhlich, J. (1998). *Therapieprogramm für Kinder mit hyperkinetischem und oppositionellem Trotzverhalten (THOP)* (2., korr. Aufl.). Weinheim: Psychologie Verlags Union.
Doyle, A. E., Biederman, J., Seidman, L. J., Weber, W. & Faraone, S. V. (2000). Diagnostic efficiency of neuropsychological test scores for discriminating boys with and without attention deficit/hyperactivity disorder. *Journal of Consulting and Clinical Psychology, 68,* 477–488.
Dumais-Huber, C. & Rothenberger, A. (1992). Psychophysiological correlates of orienting, anticipation and contingency changes in children with psychiatric disorders. *Journal of Psychophysiology, 6,* 225–239.
Egger, J. (1987). Das hyperkinetische Syndrom. *Ernährungsumschau, 34,* 555–557.
Eimer, M., Nattkemper, D., Schröger, E. & Prinz, W. (1996). Unwillkürliche Aufmerksamkeit. In O. Neumann & A. F. Sanders (Hrsg.), *Aufmerksamkeit. Enzyklopädie der Psychologie: Themenbereich C* (S. 219–266). Göttingen: Hogrefe.
Erzigkeit, H. (1992). *SKT – Kurztest zur Erfassung von Gedächtnis- und Aufmerksamkeitsstörungen.* Weinheim: Beltz.
Eser, K.-H. (1987). Reliabilitäts- und Validitätsaspekte des Aufmerksamkeits-Belastungs-Tests (Test d 2) bei verhaltensgestörten Kindern und Jugendlichen. *Diagnostica, 33,* 74–80.
Esser, G. & Schmidt, M. (1987). *Minimale cerebrale Dysfunktion – Leerformel oder Syndrom? Empirische Untersuchung zur Bedeutung eines zentralen Konzepts in der Kinderpsychiatrie.* Stuttgart: Enke.
Fay, E. & Stumpf, H. (1980). Entwicklung und Erprobung eines maschinenlesbaren Konzentrationstests im Rahmen des Tests für medizinische Studiengänge (TMS). *Psychologie und Praxis, 24,* 161–171.

Fay, E. & Stumpf, H. (1995). Leistungsdaten. In R. S. Jäger & F. Petermann (Hrsg.), *Psychologische Diagnostik. Ein Lehrbuch* (S. 380–396; 3. korr. Aufl.;). Weinheim: Psychologie Verlags Union.
Fimm, B. (1998). Testrezension: Der Aufmerksamkeits-Belastungs-Test d2 in seiner 8. Auflage. *Report Psychologie, 23,* 147–153.
Fleischmann, M.-U. (2000). Gerontoneuropsychologie – Diagnostik, Therapie und Intervention. In W. Sturm, M. Herrmann & C.-W. Wallesch (Hrsg.), *Lehrbuch der Klinischen Neuropsychologie. Grundlagen, Methoden, Diagnostik, Therapie* (S. 663–667). Lisse: Swets & Zeitlinger.
Fos, L. A., Greve, K. W., South, M. B., Mathias, C. & Benefield, H. (2000). Paced Visual Serial Addition Test: An alternative measure of information processing speed. *Applied Neuropsychology, 7,* 140–146.
Gaddes, W. H. & Edgell, D. (1994). *Learning disabilities and brain function. A neuropsychological approach* (3rd ed.). New York: Springer.
Gathercole, S. E. & Baddeley, A. D. (1993). *Working memory and language.* Hove: Erlbaum.
Gatterer, G. (1990). *Alters-Konzentrations-Test (AKT).* Göttingen: Hogrefe.
Giedd, J. N., Castellanos, F. X., Casey, B. J. & Kozuch, P. (1994). Quantitative morphology of the corpus callosum in attention deficit hyperactivity disorder. *American Journal of Psychiatry, 151,* 665–669.
Gold, A. (1995). *Gedächtnisleistungen im höheren Erwachsenenalter.* Bern: Huber.
Goldstein, S. & Goldstein, M. (1990). *Managing attention deficit hyperactivity disorder in children. A guide for practitioners* (2nd ed.). New York: Wiley.
Grant, D. A. & Berg, E. A. (1993). *Wisconsin Card Sorting Test (WCST).* (2. Aufl.). Göttingen: Hogrefe.
Gray, J. A. & Wedderburn, A. A. (1960). Grouping strategies with simultaneous stimuli. *Quarterly Journal of Experimental Psychology, 12,* 180–184.
Greenhill, L. L. (1990). Attention-deficit disorder in children. In B. Garfinkel, G. Carlson & E. Weller (Eds.), *Psychiatric disorders in children and adolescents* (pp. 149–170). Philadelphia: Saunders.
Grön, G. (1997). *Untersuchungen zum Arbeitsgedächtnis bei gesunden Probanden und Patienten mit erworbener Hirnschädigung.* Dissertation, Ludwig-Maximilians-Universität München.
Gronwall, D. (1977). Paced Auditory Serial Addition Task: A measure of recovery from concussion. *Perceptual and Motor Skills, 44,* 367–373.
Grube, D., Hasselhorn, J. & Weiss, J. (1998). Altersdefizite im phonologischen Arbeitsgedächtnis: Spielt die Verarbeitungspräzision des phonetischen Speichers eine Rolle? *Zeitschrift für Gerontopsychologie und -psychiatrie, 11,* 3–11.
Härting, C., Markowitsch, H. J., Neufeld, H., Calabrese, P., Deisinger, K. & Kessler, J. (2000). *Wechsler Gedächtnis Test – Revidierte Fassung (WMS-R).* Bern: Huber.
Harden, J., Jacobs, C., Muth, D., Heubrock, D. & Petermann, F. (1999). Neuropsychologisches Interventionsprogramm bei Kindern mit Störungen der geteilten und fokussierten Aufmerksamkeit. Köln: Poster auf der Jahrestagung der Gesellschaft für Neuropsychologie vom 25. bis 28. November 1999.
Hartley, A. A. (1992). Attention. In F. I. M. Craik & T. A. Salthouse (Eds.), *The handbook of aging and cognition* (pp. 3–49). Hillsdale: Erlbaum.
Hasselhorn, M. (1990). Altersdifferenzen und -invarianzen im Arbeitsgedächtnis: eine gerontopsychologische Studie zum Wortlängen-Effekt. *Zeitschrift für Gerontopsychologie und -psychiatrie, 3,* 181–189.
Hawkins, H. & Presson, J. (1986). Auditory information processing. In K.R. Boff, L. Kaufman & J.P. Thomas (Eds.), *Handbook of perception and human performance, vol. 2* (pp. 26–64). New York: Wiley.
Heck-Möhling, R. (1993). *Konzentrationstest für das 3. Und 4. Schuljahr (KT 3–4).* Weinheim: Beltz.

Heine, A. & Roth, N. (1996). Identifikation von Subgruppen. *Kindheit und Entwicklung, 5,* 100–104.

Helfer, K. S. & Wilber, L. A. (1990). Hearing loss, aging, and speech perception in reverberation and noise. *Journal of Speech and Hearing Research, 33,* 149–155.

Heubrock, D. (1994). Aspekte der Verhaltensmodifikation beim Frontalhirn-Syndrom. *Kindheit und Entwicklung, 3,* 101–107.

Heubrock, D. & Petermann, F. (1997 a). Verhaltenstherapie in der Klinischen Neuropsychologie (1): Ansätze zur Verhaltensanalyse und Verhaltensmodifikation des Frontalhirn-Syndroms. *Verhaltenstherapie, 7,* 153–160.

Heubrock, D. & Petermann, F. (1997 b). Verhaltenstherapie in der Klinischen Neuropsychologie (2): Verhaltensanalyse und Verhaltensmodifikation eines Patienten mit traumatisch erworbenem Frontalhirn-Syndrom. *Verhaltenstherapie, 7,* 204–215.

Heubrock, D. & Petermann, F. (2000). *Lehrbuch der Klinischen Kinderneuropsychologie. Grundlagen, Syndrome, Diagnostik und Intervention.* Göttingen: Hogrefe.

Heubrock, D. & Petermann, F. (2001). Ambulante Klinische Kinderneuropsychologie: Eine Bestandsaufnahme und erste empirische Befunde einer ambulanten kinderneuropsychologischen Inanspruchnahmepopulation. *Zeitschrift für Neuropsychologie, 12,* 221–234.

Heubrock, D., Petermann, F. & Brinkmeier, W. (2001). Referrals, diagnoses, and neuropsychological findings in an outpatient sample of German children and adolescents with brain dysfunction. *Pediatric Rehabilitation, 4,* 75–82.

Heuer, H. (1996). Doppeltätigkeiten. In O. Neumann & A.F. Sanders (Hrsg.), *Aufmerksamkeit. Enzyklopädie der Psychologie: Themenbereich C* (S. 163–218). Göttingen: Hogrefe.

Heyde, G. (1995). *Inventar komplexer Aufmerksamkeit (INKA).* Frankfurt: Swets & Zeitlinger.

Ihl, R. & Weyer, D. (1993). *ADAS. Alzheimer's Disease Assessment Scale.* Weinheim: Beltz.

Ivnik, R. J., Smith, G. E., Malec, J. F., Petersen, R. C. & Tangalos, E. G. (1995). Long-term stability and intercorrelations of cognitive abilities in older persons. *Psychological Assessment, 7,* 155–161.

Ivy, G. O., MacLeod, C. M., Petit, T. L. & Markus, E. J. (1992). A physiological framework for perceptual and cognitive changes in aging. In F. I. M. Craik & T. A. Salthouse (Eds.), *The handbook of aging and cognition* (pp. 273–314). Hillsdale: Erlbaum.

Jäger, R. S. & Petermann, F. (Hrsg.) (1995). *Psychologische Diagnostik. Ein Lehrbuch* (3., korr. Aufl.). Weinheim: Psychologie Verlags Union.

James, W. (1890). *Principles of psychology.* New York: Holt.

Jansen, D. A. & Keller, M. L. (1999). An instrument to measure the attentional demands of community-dwelling elders. *Journal of Nursing Measurement, 7,* 197–214.

Johnston, W. A. & Wilson, J. (1980). Perceptual processing of non-targets in an attention task. *Memory & Cognition, 8,* 372–377.

Kahneman, D. (1973). *Attention and effort.* Englewood Cliffs: Prentice Hall.

Kathmann, N., Wagner, M., Satzger, W. & Engel, R. R. (1996). Vigilanzmessung auf Verhaltensebene: Der Continuous Performance Test – München (CPT-M). In H.-J. Möller, R. R. Engel & P. Hoff (Hrsg.), *Befunderhebung in der Psychiatrie: Lebensqualität, Negativsymptomatik und andere aktuelle Entwicklungen* (S. 331–338). Berlin: Springer.

Klein, L. (1992). Zur Wirksamkeit einer phosphatreduzierten Ernährung bei hyperaktiven Kindern. *Sonderpädagogik, 2,* 64–69.

Kausler, D.H. (1991). *Experimental psychology, cognition, and human aging.* New York: Springer.

Kay, G. G. & Starbuck, V. N. (1997). Computerized neuropsychological assessment. In M. E. Maruish & J. A. Moses (Eds.), *Clinical neuropsychology. Theoretical foundations for practitioners* (pp. 143–161). Mahwah: Erlbaum.

Kerkhoff, G., Münssinger, U. & Marquardt, C. (1993). Sehen. In D. Y. von Cramon, N. Mai & W. Ziegler (Hrsg.), *Neuropsychologische Diagnostik* (S. 1–35). Weinheim: Verlag Chemie.

Kessler, J., Denzler, P. E. & Markowitsch, H. J. (1999). *Demenz-Test (DT). Eine Testbatterie zur Erfassung kognitiver Beeinträchtigungen im Alter* (2., überarb. Aufl.). Weinheim: Beltz.

Kessler, J. & Kalbe, E. (2000). Gerontoneuropsychologie – Grundlagen und Pathologie. In W. Sturm, M. Herrmann & C.-W. Wallesch (Hrsg.), *Lehrbuch der Klinischen Neuropsychologie. Grundlagen, Methoden, Diagnostik, Therapie* (S. 648–662). Lisse: Swets & Zeitlinger.

Kessler, J., Markowitsch, H. J. & Denzler, P. E. (1990). *Mini-Mental-Status-Test (MMST).* Weinheim: Beltz.

Kline, D. W. & Burdick, D. C. (1980). Metronome pacing and age: The effect of irrelevant stimuli. *Experimental Aging Research, 6,* 393–396.

Koch, J. (1994). *Neuropsychologie des Frontalhirnsyndroms.* Weinheim: Psychologie Verlags Union.

Koelega, H. S. (1996). Vigilanz. In O. Neumann & A. F. Sanders (Hrsg.), *Aufmerksamkeit. Enzyklopädie der Psychologie: Themenbereich C* (S. 403–478). Göttingen: Hogrefe.

Kusch, M. & Petermann, F. (2001). *Entwicklung autistischer Störungen* (3., vollständig veränd. Aufl.). Göttingen: Hogrefe.

LaRue, A. (1992). *Aging and neuropsychological assessment.* New York: Plenum.

LaRue, A. (1999). Geriatric neuropsychology: Principles of assessment. In P. A. Lichtenberg (Ed.), *Handbook of assessment in clinical gerontology* (pp. 381–416). New York: Wiley.

Lauth, G. W. (1993). *Dortmunder Aufmerksamkeitstest.* Göttingen: Hogrefe.

Lauth, G. W., Roth, N., Schlottke, P. F. & Schmidt, A. (1993). *Continuous Performance Test (CPT-K) – Kinderform.* Weinheim: Beltz Test Gesellschaft.

Lauth, G. & Schlottke, P. F. (1995). *Training mit aufmerksamkeitsgestörten Kindern* (2. Aufl.). Weinheim: Psychologie Verlags Union.

Lauth, G. & Schlottke, P. F. (1996). Diagnostische Strategien und Therapieplanung. *Kindheit und Entwicklung, 5,* 105–111.

Linderkamp, F. (1996). Zur Homogenität des Störungsbildes und die Notwendigkeit zur Subgruppendiskussion. *Kindheit und Entwicklung, 5,* 89–92.

Lösslein, H. & Deike-Beth, C. (1997). *Hirnfunktionsstörungen bei Kindern und Jugendlichen. Neuropsychologische Untersuchungen für die Praxis.* Köln: Deutscher Ärzte-Verlag.

Lou, H. C., Henriksen, L., Bruhn, P., Borner, H. & Nielsen, J. B. (1989): Striatal dysfunction in attention deficit and hyperkinetic disorder. *Archives of Neurology, 46,* 48–52.

Lukesch, H. & Mayrhofer, S. (in Vorbereitung). *Revidierter Konzentrations-Leistungs-Test (KLT-R) nach H. Düker und G. A. Lienert.*

Marschner, G. (Hrsg.) (1980). *Revisionstest nach B. Stender. Ein allgemeiner Leistungstest zur Untersuchung anhaltender Konzentration bei geistiger Tempoarbeit.* Göttingen: Hogrefe.

Marshall, P. (1989). Attention deficit disorder and allergy: A neurochemical model of the relation between the illnesses. *Psychological Bulletin, 106,* 434–446.

Martin, M. & Ewert, O. (1997). Attention and planning in older adults. *International Journal of Behavioral Development, 20,* 577–594.

Mass, R., Wolf, K., Wagner, M. & Haasen, C. (2000). Differential sustained attention/vigilance changes over time in schizophrenics and controls during a degraded stimulus Continuous Performance Test. *European Archives of Psychiatry and Clinical Neuroscience, 250,* 24–30.

Matier-Sharma, K., Perachio, N., Newcorn, J. H., Sharma, V. & Halperin, J. M. (1995). Differential diagnosis of ADHD: Are objective measures of attention, impulsivity, and activity level helpful? *Child Neuropsychology, 1,* 118–127.

McDowd, J. M. & Birren, J. E. (1990). Aging and attentional processes. In J.E.Birren & K.W. Schaie (Eds.), *Handbook of the psychology of aging* (pp. 222–233). New York: Academic Press.

McGee, R., Partridge, F., Williams, S. & Silva, P. A. (1991). A twelve-year follow-up of preschool hyperactive children. *Journal of the American Academy of Child and Adolescent Psychiatry, 30,* 224–232.
McLeod, P. (1977). A dual-task response modality effect: Support for multiprocessor models of attention. *Quarterly Journal of Experimental Psychology, 29,* 651–667.
Moray, N. (1959). Attention in dichotic listening: affective cues and the influence of instruction. *Quarterly Journal of Experimental Psychology, 9,* 56–60.
Moray, N. (1967). Where is capacity limited? A survey and a model. *Acta Psychologica, 27,* 84–92.
Moray, N. (1970). *Attention: Selective processes in vision and hearing.* New York: Academic Press.
Moosbrugger, H. & Oehlschlägel, J. (1996). *Frankfurter Aufmerksamkeits-Inventar (FAIR).* Bern: Huber.
Moosbrugger, H. & Heyden, M. (1998). *Frankfurter Adaptiver Konzentrationsleistungs-Test (FAKT).* Bern: Huber.
Muth, D., Heubrock, D. & Petermann, F. (1999). Intermodale Entscheidungsprozesse bei erworbenen und angeborenen Hirnfunktionsstörungen in der Neuropädiatrie [Abstract]. *Aktuelle Neurologie, 26,* Supplement, S44.
Naumann, K. (1996). Verlaufsuntersuchungen und kovariierende Störungsbilder. *Kindheit und Entwicklung, 5,* 93–99.
Neisser, U. (1979). *Kognition und Wirklichkeit. Prinzipien und Implikationen der kognitiven Psychologie.* Stuttgart: Klett-Cotta.
Neumann, O. (1992). Theorien der Aufmerksamkeit: von Metaphern zu Mechanismen. *Psychologische Rundschau, 43,* 83–101.
Neumann, O. (1996a). Theorien der Aufmerksamkeit. In O. Neumann & A. F. Sanders (Hrsg.), *Aufmerksamkeit. Enzyklopädie der Psychologie: Themenbereich C* (S. 559–643). Göttingen: Hogrefe.
Neumann, O. (1996b). Komponenten der Aufmerksamkeit und ihre Störungen. *Kindheit und Entwicklung, 5,* 75–79.
Nussbaum, P. D. (1998). Neuropsychological assessment of the elderly. In G. Goldstein, P. D. Nussbaum & S. R. Beers (Eds.), *Neuropsychology* (pp. 83–105). New York: Plenum.
Oehlschlägel, J. & Moosbrugger, H. (1991). Konzentrationsleistung ohne Konzentration? Zur Schätzung wahrer Leistungswerte im Aufmerksamkeits-Belastungs-Test d2. *Diagnostica, 37,* 42–51.
Oswald, W. D. & Fleischmann, U. M. (1997). *Das Nürnberger Alters-Inventar* (NAI; 4. Aufl.). Göttingen: Hogrefe.
Parasuraman, R. (1998). The attentive brain: issues and prospects. In R. Parasuraman (Ed.), *The attentive brain* (pp. 3–15). London: Bradford.
Parkin, A. J. (2000). *Erinnern und vergessen: Wie das Gedächtnis funktioniert – und was man bei Gedächtnisstörungen tun kann.* Weinheim: Psychologie Verlags Union.
Passler, M., Isaac, W. & Hynd, G. W. (1985). Neuropsychological development of behavior attributed to frontal lobe functioning in children. *Developmental Neuropsychology, 1,* 349–370.
Pineda, D., Ardila, A. & Rosselli, M. (1999). Neuropsychological and behavioral assessment of ADHD in seven- to twelve-year-old children: A discriminant analysis. *Journal of Learning Disabilities, 32,* 159–173.
Plude, D. J. & Hoyer, W. J. (1986). Age and selectivity of visual information processing. *Journal of Psychology and Aging, 1,* 4–10.
Plude, D. J., Hoyer, W. J. & Lazar, J. (1982). Age, response complexity, and target consistency in visual search. *Experimental Aging Research, 8,* 99–102.
Plude, D. J. & Murphy, L. J. (1992). Aging, selective attention and everyday memory. In R. L. West & J. D. Sinnott (Eds.), *Everyday memory and aging* (pp. 235–245). New York: Springer.

Ponds, R. W. H. M., van Boxtel, M. P. J. & Jolles, J. (2000). Age-related changes in subjective functioning. *Educational Gerontology, 26,* 67–81.
Poser, U., Kohler, J., Sedlmeier, P. & Strätz, A. (1992). Evaluierung eines neuropsychologischen Funktionstrainings bei Patienten mit kognitiver Verlangsamung nach Schädelhirntrauma. *Zeitschrift für Neuropsychologie, 3,* 3–24.
Posner, M. I. & Boies, S. J. (1971). Components of attention. *Psychological Review, 78,* 391–408.
Posner, M. I. & Rafal, R. D. (1987). Cognitive theories of attention and the rehabilitation of attentional deficits. In R. J. Meier, A. C. Benton & L. Diller (Eds.), *Neuropsychological rehabilitation.* Edinburgh: Churchill Livingstone.
Prosiegel, M. (1998). *Neuropsychologische Störungen und ihre Rehabilitation.* München: Pflaum.
Rabbitt, P. M. A. (1977). Changes in problem solving ability in old age. In J. E. Birren & K. W. Schaie (Eds.), *Handbook of the psychology of aging.* New York: Van Nostrand Reinhold.
Rapport, M. D., Chung, K.-M., Shore, G., Denney, C. B. & Isaacs, P. (2000). Upgrading the science and technology of assessment and diagnosis: Laboratory and clinic-based assessment of children with ADHD. *Journal of Clinical Child Psychology, 29,* 555–568.
Rapport, M. D., Denney, C., DuPaul, G. & Garner, M. J. (1994). Attention deficit disorder and methylphenidate: Normalization rates, clinical effectiveness, and response prediction in 76 childen. *Journal of the American Academy of Child and Adolescent Psychiatry, 33,* 882–893.
Rockstroh, S. (1993). Neurochemische Grundlagen der Aufmerksamkeit. *Zeitschrift für Neuropsychologie, 4,* 44–53.
Roth, M., Huppert, F. A., Tym, E. & Mountjoy, C. Q. (1994). *CAMDEX – The Cambridge examination of mental disorders of the elderly.* Heidelberg: Dexter.
Roth, N., Schlottke, P. F. & Heine, A. (1996). Ein biopsychologisches Modell beeinträchtigter Aufmerksamkeit. *Kindheit und Entwicklung, 5,* 80–84.
Rothenberger, A. (1990). The role of frontal lobes in child psychiatric disorders. In A. Rothenberger (Ed.), *Brain and behavior in child psychiatry* (pp. 34–58). Berlin: Springer.
Rothenberger, A. (1995). Electrical brain activity in children with hyperkinetic syndrome: Evidence of frontal cortical dysfunction. In J. Sergeant (Ed.), *European approaches to hyperkinetic disorder* (pp. 225–270): Zürich: Trümpi.
Rothenberger, A. (1996). Kinder- und Jugendpsychiatrie in Europa. Perspektiven für Klinik und Forschung. *Niedersächsisches Ärzteblatt, 69,* 3–8.
Rothenberger, A. & Hüther, G. (1997). Die Bedeutung von psychosozialem Streß im Kindesalter für die strukturelle und funktionelle Hirnreifung: neurobiologische Grundlagen der Entwicklungspsychopathologie. *Praxis der Kinderpsychologie und Kinderpsychiatrie, 46,* 623–644.
Rothenberger, A. & Schmidt, M. H. (2000). *Die Funktionen des Frontalhirns und der Verlauf psychischer Störungen.* Frankfurt: Lang.
Saile, H. (1996). Zur Indikation von psychologischer Behandlung bei Kindern mit Aktivitäts- und Aufmerksamkeitsstörungen. *Kindheit und Entwicklung, 5,* 112–117.
Salthouse, T. A., Fristoe, N. M., Lineweaver, T. T. & Coon, V.E. (1995). Aging of attention: Does the ability to divide decline? *Memory & Cognition, 12,* 613–620.
Sanders, A. F. (1983). Towards a model of stress and human performance. *Acta Psychologica, 53,* 61–97.
Sanders, A. F. & Donk, M. (1996). Visuelles Suchen. In O. Neumann & A.F. Sanders (Hrsg.), *Aufmerksamkeit. Enzyklopädie der Psychologie: Themenbereich C* (S. 61–113). Göttingen: Hogrefe.
Saß, H., Wittchen, H.-U. & Zaudig, M. (1996). *Diagnostisches und statistisches Manual psychischer Störungen, DSM-IV.* Göttingen: Hogrefe.
Scheithauer, H. & Petermann, F. (2000). Aggression. In F. Petermann (Hrsg.), *Lehrbuch der Klinischen Kinderpsychologie und -psychotherapie* (S. 187–226; 4., vollst. veränd. u. erw. Aufl.). Göttingen: Hogrefe.

Schöttke, H. (1997). Rehabilitation von Aufmerksamkeitsstörungen nach einem Schlaganfall – Effektivität eines verhaltensmedizinisch-neuropsychologischen Aufmerksamkeitstrainings. *Verhaltenstherapie, 7,* 21–33.

Schöttke, H. & Wiedl, K. H. (2001). Trainings bei Aufmerksamkeitsstörungen und visuellem Neglect. Verhaltensmedizinisch-neuropsychologische Modelle. In K. J. Klauer (Hrsg.), *Handbuch Kognitives Training* (S. 559–593; 2., überarb. u. erw. Aufl.). Göttingen: Hogrefe.

Schlottke, P. F. & Lauth, G. W. (1996). Diagnostische Kriterien (DSM-IV und ICD–10). *Kindheit und Entwicklung, 5,* 85–88.

Schneider, B. (1997). Psychoacoustics and aging: Implications for everyday listening. *Journal of Speech, Language Pathology and Audiology, 21,* 111–124.

Schuhfried, G. (1994). *Wiener Test System (WTS).* Mödling: Schuhfried.

Silberstein, R. B., Farrow, M., Levy, F., Pipingas, A., Hay, D. A. & Jarman, F.C. (1998). Functional brain electrical activity mapping in boys with attention-deficit/hyperactivity disorder. *Archives of General Psychiatry, 55,* 1105–1112.

Sohlberg, M. M. & Mateer, C. A. (1987). Effectiveness of an attention-training program. *Journal of Clinical and Experimental Neuropsychology, 9,* 117–130.

Solanto, M. V. (1984). Neuropharmacological basis of stimulant drug action in attention deficit disorder with hyperactivity: a review and synthesis. *Psychological Bulletin, 95,* 387–409.

Stolzfus, E. R., Hasher, L. & Zacks, R. T. (1996). Working memory and aging: Current status of the inhibitory view. In J. T. E. Richardson, R. W. Engle, L. Hasher, R. H. Logie, E. R. Stolzfus & R. T. Zacks (Eds.), *Working memory an human cognition* (pp. 66–88). New York: Oxford University Press.

Sturm, W. (1997). Aufmerksamkeitsstörungen. In W. Hartje & K. H. Poeck (Hrsg.), *Klinische Neuropsychologie* (3., erw. Aufl.; 283–289). Stuttgart: Thieme.

Sturm, W., Hartje, W., Orgass, B. & Willmes, K. (1993). Computer-assisted rehabilitation of attention impairments. In F. J. Stachowiak & R. De Bleser (Eds.), *Developments in the assessment and rehabilitation of brain-damaged patients. Perspectives from a European concerted action* (pp. 49–52). Tübingen: Narr.

Sturm, W., Hartje, W., Orgass, B. & Willmes, K. (1994). Effektivität eines computergestützten Trainings von vier Aufmerksamkeitsfunktionen. *Zeitschrift für Neuropsychologie, 5,* 15–28.

Sturm, W. & Willmes, K. (1991). Efficacy of a reaction training on various attentional and cognitive functions in stroke patients. *Neuropsychological Rehabilitation, 1,* 259–280.

Sturm, W. & Zimmermann, P. (2000). Aufmerksamkeitsstörungen. In W. Sturm, M. Herrmann & C.-W. Wallesch (Hrsg.), *Lehrbuch der Klinischen Neuropsychologie. Grundlagen, Methoden, Diagnostik, Therapie* (S. 345–365). Lisse: Swets & Zeitlinger.

Tannock, R., Schachar, R. J., Carr, R. P., Chajczyk, D. & Logan, G. D. (1989). Effects of methylphenidate on inhibitory control in hyperactive children. *Journal of Abnormal Child Psychology, 17,* 473–491.

Taylor, E., Sandberg, S. & Thorley, G. (1991). *The epidemiology of childhood hyperactivity.* Oxford: Oxford University Press.

ten Hoopen, G. (1996). Auditive Aufmerksamkeit. In O. Neumann & A. F. Sanders (Hrsg.), *Aufmerksamkeit. Enzyklopädie der Psychologie: Themenbereich C* (S. 115–161). Göttingen: Hogrefe.

Treisman, A. M. (1960). Contextual cues in selective listening. *Quarterly Journal of Experimental Psychology, 12,* 242–248.

Treisman, A. M. (1964). Selective attention in man. *British Medical Bulletin, 20,* 12–16.

Tun, P. (1998). Fast noisy speech: Age differences in processing rapid speech with background noise. *Psychology and Aging, 13,* 424–434.

Tun, P., Wingfield, A. & Stine, E. A. L. (1991). Speech processing capacity in young and older adults: A dual-task study. *Psychology and Aging, 6,* 3–9.

Tun, P., Wingfield, A., Stine, E. A. L. & Mecsas, C. (1992). Rapid speech processing and divided attention: Processing rate versus processing ressources as an explanation of age effects. *Psychology and Aging, 7,* 546–550.

Underwood, G. & Everatt, J. (1996). Automatische und gesteuerte Informationsverarbeitung: Die Rolle der Aufmerksamkeit bei der Verarbeitung des Neuen. In O. Neumann & A. F. Sanders (Hrsg.), *Aufmerksamkeit. Enzyklopädie der Psychologie: Themenbereich C* (S. 267–331). Göttingen: Hogrefe.

van der Heijden, A. H. C. (1996). Visuelle Aufmerksamkeit. In O. Neumann & A. F. Sanders (Hrsg.), *Aufmerksamkeit. Enzyklopädie der Psychologie: Themenbereich C* (S. 7–60). Göttingen: Hogrefe.

van der Molen, M. W. (1996). Energetik und der Reaktionsprozeß: Zwei Leitlinien der Experimentalpsychologie. In O. Neumann & A. F. Sanders (Hrsg.), *Aufmerksamkeit. Enzyklopädie der Psychologie: Themenbereich C* (S. 333–401). Göttingen: Hogrefe.

van Zomeren, A. H. & Brouwer, W. H. (1992). Assessment of attention. In J. R. Crawford, D. M. Parker & W. W. McKinlay (Eds.). *A handbook of neuropsychological assessment* (pp. 241–266). Hove: Erlbaum.

van Zomeren, A. H. & Brouwer, W. H. (1994). *Clinical neuropsychology of attention.* New York: Oxford University Press.

Wainwright-Sharp, J. A. & Bryson, S. E. (1993). Visual orienting deficits in high-functioning people with autism. *Journal of Autism and Developmental Disorders, 23,* 1–13.

Warren, L. R., Wagner, J. W. & Herman, G. E. (1978). Binaural analysis in the aging auditory system. *Journal of Gerontology, 33,* 731–736.

Wickens, C. D. (1984). Processing resources in attention. In R. Parasuraman & D. R. Davies (Eds.), *Varieties of attention* (pp. 63–102). New York: Academic Press.

Wijers, A. A., Mulder, G., Gunter, T. C. & Smid, H. G. O. M. (1996). Die hirnelektrische Analyse der selektiven Aufmerksamkeit. In O. Neumann & A. F. Sanders (Hrsg.), *Aufmerksamkeit. Enzyklopädie der Psychologie: Themenbereich C* (S. 479–558). Göttingen: Hogrefe.

Wittmann, A. J. & Holling, H. (im Druck). *Hochbegabtenberatung in der Praxis. Ein Leitfaden für Psychologen, Lehrer und ehrenamtliche Berater.* Göttingen: Hogrefe.

World Health Organization (WHO) (1993). *The ICD–10 classification of mental and behavioural disorders. Diagnostic criteria for research.* Genf: World Health Organization.

Zaidel, E. (1979). The split and half brains as models of congenital language disability. In U.S. Department of Health, Education, and Welfare (Ed.), *The neurological bases of language disorders in children: Methods and directions for research* (pp. 55–89). Bethesda, MD: Editor.

Zametkin, A. J., Liebenauer, L. L., Fitzgerald, G. A. & King, A. C. (1993). Brain metabolism in teenagers with attention-deficit hyperactivity disorder. *Archives of General Psychiatry, 50,* 333–340.

Zametkin, A. J. & Rapoport, J. L. (1987). Neurobiology of attention deficit disorder with hyperactivity: where have we come in 50 years? *Journal of the American Academy of Child and Adolescent Psychiatry, 26,* 676–686.

Zaudig, M. & Hiller, W. (1996). *Strukturiertes Interview für die Diagnose einer Demenz vom Alzheimer Typ, der Multiinfarkt- (oder vaskulären) Demenz und Demenzen anderer Ätiologie nach DSM-III-R, DSM-IV und ICD–10 (SIDAM).* Göttingen: Hogrefe.

Zimmermann, P. & Fimm, B. (1993). *Testbatterie zur Aufmerksamkeitsprüfung (TAP). Handbuch – Teil 1.* Würselen: Psytest.

Zimmermann, P. & Fimm, B. (1993). *Testbatterie zur Aufmerksamkeitsprüfung (TAP). Handbuch – Teil 2* (Statistiken). Würselen: Psytest.